舜耕智库系列

舜耕论坛精华集

（自然科学篇）

万书波　主编

中国农业科学技术出版社

图书在版编目（CIP）数据

舜耕论坛精华集．自然科学篇 / 万书波主编．——北京：中国农业科学技术出版社，2020.7

ISBN 978-7-5116-4836-5

Ⅰ．①舜… Ⅱ．①万… Ⅲ．①农业经济－中国－文集 ②农业技术－中国－文集 Ⅳ．①F32-53 ②S-53

中国版本图书馆CIP数据核字（2020）第116847号

责任编辑 徐定娜 周丽丽
责任校对 贾海霞

出版发行 中国农业科学技术出版社
北京中关村南大街12号 邮编：100081
电 话 （010）82105169 82109707（编辑室）
（010）82109702（发行部） 82109709（读者服务部）
传 真 （010）82109707
网 址 http://www.castp.cn
印 刷 北京建宏印刷有限公司
开 本 710mm×1000mm 1/16
印 张 18.5
字 数 240千字
版 次 2020年7月第1版 2020年7月第1次印刷
定 价 120.00元

手中有粮，心中不慌。小康不小康，关键看老乡。以解决好地怎么种为导向，加快构建新型农业经营体系。以解决好地少水缺的资源环境约束为导向，深入推进农业发展方式转变。以满足吃得好吃得安全为导向，大力发展优质安全农产品。农业出路在现代化，农业现代化的关键在科技进步，要给农业插上科技的翅膀。

——习近平

（摘录习近平总书记二〇一三年十一月二十七日在视察山东省农业科学院并召开有关方面人士参加的座谈会上的重要讲话）

吴常信

陈学庚

喻树迅

李银心

孔垂华

郭文善

钱永忠

赵瑞雪

罗利军

杜雄明

韩天富

王克剑

赵要风

汪黎明

柯卫东

刁现民

孙志高

吴文斌

兰玉彬

舜耕论坛

SHUN GENG FORUM

自然科学篇

《舜耕论坛精华集（自然科学篇）》

编 委 会

舜耕论坛组织机构

组 委 会

主　　任：李长胜　万书波

副 主 任：张　波　刘兆辉

成员单位：山东省科学技术协会

山东农学会

山东省农业科学院

秘 书 处

秘 书 长：张　正

副秘书长：葛玉芝　张希军　韩宗福

序言

齐鲁农耕文化源远流长，为传承齐鲁农耕文明、传播现代农业科技，山东省农业科学院、山东省科学技术协会和山东农学会于2013年联合发起举办山东省首个高层次、全国性的农业科技论坛——舜耕论坛。论坛定名取“舜耕历山”（出自《墨子·尚贤中》）之义，既表明论坛主题聚焦农业，又表明论坛举办的地点在泉城济南（济南舜耕山，又名历山、千佛山）。

重农固本是安民之基、治国之要，农业强，必须依靠科技进步。舜耕论坛以服务现代农业发展为宗旨，立足我国农业生产实际，引领农业科技创新方向，围绕现代农业发展的前沿、重点、热点科技问题，聚集国内外行业高端人才，交流学术思想，启迪研究智慧，构筑高水平政研企、农科教、产学研学术交流与科技合作平台，推动农业科技进步和创新。自2013年启动以来，先后邀请两院院士、海内外知名专家学者、农业主管和政策研究部门领导等200余人次出席论坛并作学术报告。舜耕论坛的社会反响日益扩大，已经成为国内具有一定影响力的农业科技高端论坛，为推动山东省“农业借助科技的翅膀腾飞起来”发挥了重要智力支撑作用。

2016 年 11 月，舜耕论坛遴选 18 篇报告文稿，出版了首部《舜耕论坛精华集（宏观篇）》，在学术界引起强烈反响，促进了论坛学术成果的传播。本次编者再次遴选舜耕论坛学术报告，付梓出版《舜耕论坛精华集（自然科学篇）》，目的是进一步传承和宣传舜耕论坛阶段性优秀成果。本书共收录自然科学领域专家报告文稿 20 篇，既有农业科技基础理论研究，也有产业重大技术创新，同时不乏对农业科技创新问题的思考。该书内容丰满、特色鲜明、学术性强，对于农业研究领域的专家学者具有很好的借鉴价值。该书的出版对进一步升华宣传学术活动成果、浓厚学术交流氛围、激发科学创新活力具有重要意义。

“问渠那得清如许，为有源头活水来”。随着现代科学技术的发展，学术交流与跨学科合作在当今社会已成为推动科学技术发展不可缺少的有力手段。舜耕论坛将秉承服务现代农业发展的宗旨，深耕于农业科技进步、服务于广大人民群众。在此，向多年来一直关心支持舜耕论坛发展的专家学者表示衷心感谢，也盛邀各界人士出席论坛发表真知灼见。舜耕论坛将陆续推出更多高质量学术交流成果，搭建精品学术交流平台，为服务乡村振兴战略，推进农业供给侧结构性改革发挥更大作用。

李长胜　万书波

2020 年 5 月

目录

吴常信

吴常信，中国科学院院士。1957 年毕业于北京农业大学畜牧系，留校任教。1979—1981 年留学英国爱丁堡大学进修动物遗传育种学。历任北京农业大学副教授(1983)、教授（1988），系主任（1983）、动物科技学院院长（1993—2004）。1995 年当选为中国科学院院士。吴常信院士五十余年来一直从事动物遗传理论与育种实践的教学和研究工作，他的主要研究成果"节粮小型蛋鸡的选育"和"畜禽遗传资源保存的理论与技术"，分别于 1999 年和 2001 年获国家科学技术进步奖二等奖。主编与参编的著作有《畜牧学》《家畜遗传育种学》《数量遗传学》《动物遗传学》《藏鸡高原低氧适应的生理与遗传基础》等。现任教育部科学技术委员会常务副主任兼学风建设委员会主任，中国科协科技工作者道德与权益专门委员会委员，中国马业协会理事长，全国生物物种资源保护专家委员会副主任，国家畜禽遗传资源委员会副主任。

对蛋鸡“100 周龄生产 500 枚蛋”问题的思考

吴常信

“100-500 计划”是伊沙（*ISA*）公司于 2011 年提出的。该公司育种部技术指导 Frans van Sambeek 在 World Poultry 发表文章“Breeding for 500 eggs in 100 weeks”；2013 年该公司在内部刊物上再次强调这一计划的实施“ISA is breeding for 500 eggs”，并引用该公司资深遗传学家 Jeroen Visscher 的话说“为商品蛋生产者提供不经换羽的 500 枚优质鸡蛋的育种目标可望在 2020 年达到。”

一、问题的提出：为什么要延长产蛋周期？

商品鸡产蛋周期的延长可以更好地利用鸡舍设备和降低育雏成本。因此，商品鸡的淘汰周龄也从过去的 72 周龄延长到现在 80 周龄。一些育种公司对种鸡的选择和性能测定更是延长到 90 周龄，甚至 100 周龄。但也应当看到延长产蛋周期也会带来某些负面作用：一是由于选种群世代间隔的延长，降低了每年的遗传进展；二是如何保证产蛋后期母鸡的健康和商品蛋的质量。这也说明如果要实施“100-500 计划”，需要有遗传、管理、营养、禽病、环境、设备等多方面的配合，这有点像目前国内提倡的“协同创新”的思想。

二、实现“100—500 计划”的可行性分析

（一） ISA 研究进展

如果要从现有记录的鸡群中找出一些 100 周龄产 500 枚蛋的鸡，那么可以说现在就有了。我们从 Frans van Sambeek 报道的一个纯系试验群来分析，图中的纵坐标是频率，横坐标是产蛋数，尽管没有说明试验鸡的数量，但仍可以估计出群体大小不超过 1600 只，并已有 40% 的鸡在 100 周龄时产了 500 枚以上的蛋。据称，最高产的一只鸡到 100 周龄时产了 571 枚蛋！

但是，在纯系选择群中能达到的成绩并不说明在商品蛋鸡中也能达到。再从遗传上分析，即使把所有产 500 个蛋以上的母鸡都集中起来留种，后代也达不到 500 个蛋。

（二） 在理想条件下的生产水平

目前，无论是伊沙公司还是海兰公司，从他们提供的白来航鸡种商品蛋鸡（ISA White, Hy-Line W-36）的资料来看，在理想饲养条件下，80 周龄累计入舍鸡产蛋数 368 枚，饲养日产蛋数 378 枚；40 周龄平均蛋重 61.5g，80 周龄平均蛋重 63.8g；26 周龄产蛋高峰达 96%，产蛋率 95% 以上的高峰期 11 周，90% 以上的高峰期 28 周；50% 产蛋率（20 周龄）时体重 1.38kg，80 周龄体重 1.56kg；到 80 周时的累计死亡率 5.7%；哈氏单位和蛋壳强度在 75 周龄后明显下降。

据 ISA 公司网站（www.isapoultry.com）提供的最新资料统计，伊沙褐商品蛋鸡，80 周龄累计入舍鸡产蛋数 361 枚，饲养日产蛋数 370 枚；90 周龄累计入舍鸡产蛋数 409 枚，饲养日产蛋数

421 枚；40 周龄平均蛋重 63.3g，80 周龄平均蛋重 64.6g；27 周龄产蛋高峰达 96%，产蛋率 95% 以上的高峰期 7 周，90% 以上的高峰期 28 周；50% 产蛋率（20.6 周）时体重 1.67kg，80 周龄体重 2.0kg；到 80 周时的累计死亡率 5.0%，90 周时的累计死亡率 6.1%；80 周龄时产蛋率 75%，90 周龄时产蛋率 70%。

据海兰公司网站（www.hyline.com）提供的最新资料统计，理想条件下海兰褐（Hy-Line Brown）商品蛋鸡 80 周龄累计入舍鸡产 361 蛋数枚，饲养日产蛋数 371 枚；40 周龄平均蛋重 62.8g，70 周龄平均蛋重 64.1g；产蛋高峰可达 96%，产蛋率 95% 以上的高峰期 9 周，90% 以上的高峰期 24 周；50% 产蛋率（20 周龄）时体重 1.65kg，70 周龄体重 1.98kg；到 80 周时的累计死亡率 6.1%；80 周龄时产蛋率 74%。

（三） 差距

这里所说的差距不是与目前国内水平相比的差距，而是与目前伊沙、海兰公司提供的理想条件下产蛋水平相比的差距。产蛋周期从现在 80 周龄延长到 100 周龄，也就是可多产 20 周（140 天）的蛋。据介绍，目前海兰 W-36 商品代蛋鸡 80 周龄的产蛋率 80%；伊沙公司商品代蛋鸡从产蛋曲线来看，90 周龄的产蛋率 70%。即使是最佳的估计，81 ～ 90 周龄的产蛋率保持 80%，91 ～ 100 周龄的产蛋率保持 70%，那么 140 天也只能增加 105 枚蛋。也就是说在目前理想饲养条件下，商品鸡 100 周龄的平均只鸡产蛋量也只能达到 480 枚。

这里要提醒大家的是伊沙公司的试验鸡群的数据是在个体笼养、无病环境，和“可能提供的最佳条件下”获得的，与商品蛋鸡生产条件有很大的不一致性。

（四）达到"100—500计划"的几项参数

国家蛋鸡产业技术体系杨宁首席在早期对蛋鸡产蛋曲线的研究中，提出MCM方程（modified compartmental model），能很好地拟合蛋鸡72周龄饲养日（*HD*）产蛋率和入舍鸡（*HH*）产蛋率曲线，拟合度0.98以上。MCM方程如下：

$$y_t = ae^{-bt}/[(1+e^{-c(t-d)})]$$

其中，y_t为第t周龄时产蛋率，a为产蛋高峰值，xt为高峰值后产蛋的下降率，c为鸡群开产日龄变异的反向值，d为平均性成熟期，e为自然对数的底。

伊沙褐90周龄和海兰褐80周龄商品蛋鸡每周产蛋率实际观察值见图1。采用MCM方程拟合2品种的平均产蛋率得到"目前水平"曲线；根据可能提高的指标调整曲线参数，使100周龄产蛋数达到500枚，得到图1中"预测1"和"预测2"产蛋曲线。各曲线拟合的参数见表1。

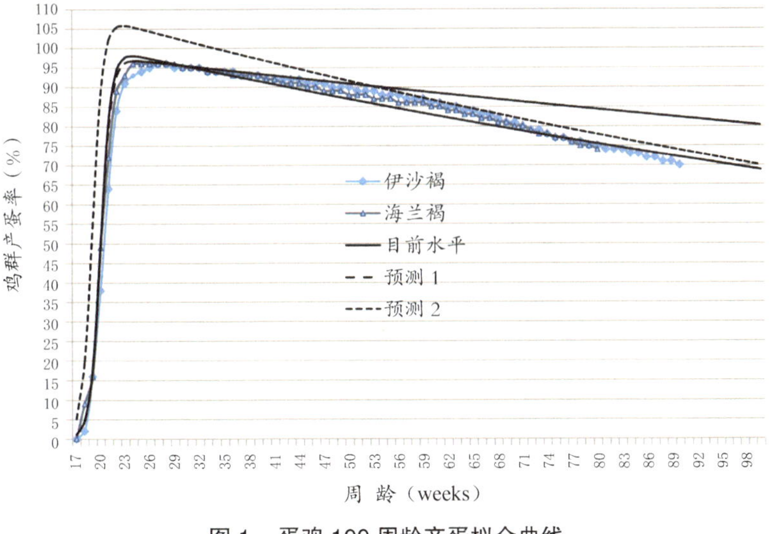

图1　蛋鸡100周龄产蛋拟合曲线

表 1　蛋鸡 100 周龄产蛋曲线拟合结果及参数计算

参数	伊沙褐	伊沙白	目前水平	预测 1	预测 2
a			110.0	103.0	120.0
b			0.047	0.0025	0.0054
c			1.5	1.5	1.5
d			20	20	19
高峰时间（周）	27.0	29.0	23.8	24.3	22.7
高峰产蛋率（%）	96.0	96.0	97.3	96.8	105.7
95% 以上时间（周）	7	8	9	10	23
90% 以上时间（周）	28	27	21	32	33
80% 以上时间（周）	50	54	49	80	56
80 周龄产蛋率（%）	75.0	77.0	75.5	84.3	77.9
90 周龄产蛋率（%）	70.0	71.0	72.1	82.2	73.8
100 周龄产蛋率（%）			68.8	80.2	69.9
80 周龄 HD 产蛋数（枚）	370	371	370	385	397
90 周龄 HD 产蛋数（枚）	421	424	421	443	450
100 周龄 HD 产蛋数（枚）			470	500	500

预测 1 是在目前产蛋水平的基础上，保持平均性成熟时间为 20 周龄，并保持高峰期产蛋率不变，调低高峰后产蛋率下降速度，使 100 周龄产蛋量为 500 枚。预测 1 曲线参数（表 1）可见产蛋高峰时间为 24.3 周，接近目前的 23.8 周；但需要 100 周龄内一直保持 80% 以上产蛋率，80 周龄产蛋率提高 8.8 个百分点到 84.3%，90 周龄产蛋率提高 10.1 个百分点到 82.2%，100 周龄产蛋率提高 11.4 个百分点到 80.2%，实现这些目标是比较困难的。

预测 2 是在目前产蛋水平的基础上，提前平均性成熟时间为19周龄；在控制100周龄产蛋率70%左右的条件下，适当调整高峰后的产蛋率下降速度，使100周龄产蛋量为500枚。预测2曲线参数（表1）可见产蛋高峰时间1.1周到22.7周。80周龄、90周龄和100周龄产蛋率比目前水平提高2.4个、1.7个和1.1个百分点左右，分别为77.9%、73.8%和69.9%，这些目标应该可能实现；但高峰期产蛋率要为105.7%才能达到100周龄产500枚蛋，这是不可能实现的。

以上两种情况的预测，均存在难以实现的指标；况且这是饲养日产蛋率指标的模拟，如果考虑到80周龄后死亡率增加、蛋壳质量下降、蛋壳颜色变浅；因此我们认为，在大群体中实现“100-500计划”几乎是不可能实现的，更不用说是要在2020年实现了。

三、问题与讨论

现在我们再来讨论 “100-500计划”有关的几个问题。

第一，外国蛋鸡育种公司提出“100-500计划”是否可能实现的问题，这要看在多大鸡群，在多长时间内实现。像伊沙公司所说的到2020年在商品蛋鸡中实现是不可能的。

第二，对这一挑战性的问题我们将继续给予关注。因为能提出这样的问题至少说明国外蛋鸡遗传育种学家对如何进一步提高蛋鸡生产性能有想法。即使实现不了“100-500计划”，但围绕这一目标的各项措施，对我国的蛋鸡育种和生产也有很好的借鉴意义。

第三，在蛋鸡育种中，“除了品种选育以外，相关配套管理同步提升是实现育种目标的重要保障”。我们非常认同这个观点，蛋鸡产业技术体系内所设定的功能研究室、各有关岗位和试验站的协同努力，才能进行有效的育种工作。

第四，至于“面对未来育种目标，你认为我国蛋鸡育种工作者应该做些什么？”我们认为实现“100-500计划”不是我国蛋鸡的育种目标。以后国外有了那么好的鸡，买来作为育种素材不更快、更好吗？就像我们上一代和这一代的蛋鸡育种工作者那样，结合我国的国情，引进和选育相结合，不也能解决我国商品蛋鸡的近一半的种源吗？这也是下一个问题的答案。

第五，我国蛋鸡育种企业应根据自己的特点同步引进国外的成熟配套系，或引进素材，选育自己的品种或配套系。

陈学庚

陈学庚，农业机械设计制造专家，中国工程院院士，新疆农垦科学院研究员。长期从事旱地农业机械研究和推广工作，突破了地膜植棉机械化关键技术，攻克了滴灌技术大规模应用农机装备难题，研发了多项棉花生产机械化关键技术与机具，为促成新疆棉花产量两次飞跃提供了有力的农机装备支撑，为新疆棉花生产全程机械化技术研究和大面积推广应用做出了重大贡献。获国家科学技术进步奖一等奖 1 项，二等奖 2 项，省部级一等奖 5 项，获国家专利 130 项，国家重点新产品 9 项，编著《旱田地膜覆盖精量播种机械的研究与设计》等著作 4 部，在《农业机械学报》等国内学术刊物发表论文 40 余篇。研究方向：农田残膜污染治理、精密播种关键技术、棉花生产全程机械化关技术与装备。

我国棉花生产机械化技术发展与展望

陈学庚

一、我国棉花生产概况

我国棉花面积占种植业的3%，产值达10%。但近十年来我国棉花种植面积从8 800多万亩（15亩=1hm²，1亩≈667m²，全书同）下降到不足7 000万亩，特别是黄河流域，年均减少157万亩，主要原因是棉花生产周期长、环节多、机械化水平较低、用工多且作业环境艰苦（表1）。

表1　2009-2013年中国棉花种植面积统计

年份（年）	棉花种植面积（万亩）
2013	6 518
2012	7 032
2011	7 557
2010	7 273
2009	7 423

截至2014年，我国棉花耕种收综合机械化水平已超过60%，其中机耕水平约为94.9%，机播水平65.6%，但机收水平仅有15%左右，且机械采收棉花主要集中在新疆（新疆维吾尔自治区，全书简称新疆），以新疆生产建设兵团为主，新疆发

展很快，2015 年达到 380 余万亩。2015 年新疆生产建设兵团和新疆地方机械采收面积超过 1 000 万亩，达到新疆棉花种植面积的 35%。

山东省、河北省、湖北省、江苏省等棉花主产区机械化种植水平提高很快，其中山东省滨州市积极性较高，从棉花种植到机械采收全过程进行研究与示范，并于 2014 年成功召开了棉花机械采收现场会，机采面积达到了一定规模。河北省、湖北省和江苏省均召开过棉花机械采收现场会，其中河北省棉花机械采收也达到一定面积；湖北省和江苏省均建立了棉花生产全程机械化实验示范基地。

目前我国最重要的棉花生产基地在新疆，科技创新使新疆生产建设兵团农业机械化技术不断发展，攻克了棉花生产的薄弱环节，用机械化手段实现了棉花生产的大规模精耕细作，农机与农艺技术的高度融合，使植棉用工大幅减少，成本降低，棉花单产走在世界前列，2014 年新疆生产建设兵团 900 余万亩棉花皮棉亩产 155.7kg。国家统计数据显示：近六年新疆生产的棉花总量占全国比例不断提升，2014 年占到全国总量的 59.7%。

二、新疆棉花生产机械化综述

棉花生产全程机械化是一个复杂的技术体系，新疆生产建设兵团历经漫长研究创新才完成。20 世纪 80 年代初期新疆棉花生产水平很低，其中，1982 年新疆棉花种植面积仅占全国 4.9%，总产仅占全国 4%，平均单产 34.1kg，低于全国平均单产 18%（图 1）。

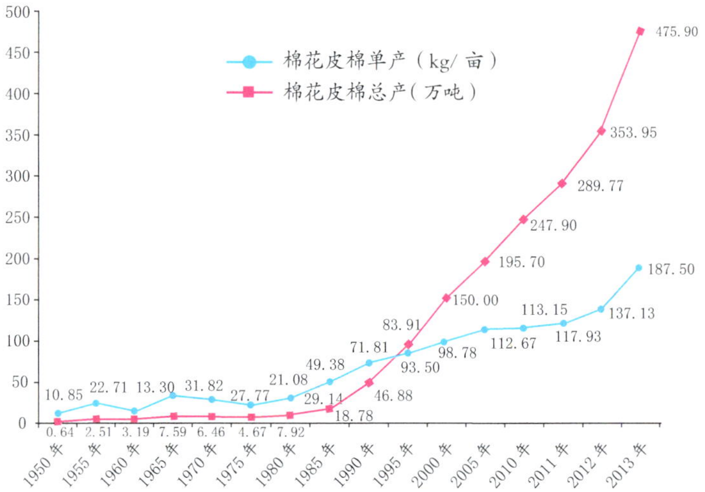

图1 1950–2013年新疆地区棉花皮棉单产与总产统计

新疆棉花生产发展到目前水平大致经历了两个阶段：第一阶段是引进地膜覆盖种植棉花，并在较短时间内全面实现地膜植棉机械化。第二阶段是实施滴灌节水、精量播种、宽膜覆盖、水肥一体化、棉花机械采收，从而建立了棉花生产全程机械化技术体系。

回顾历史，1980年新疆石河子垦区引进地膜覆盖技术，通过种植试验，比对照增产35%，但是人工作业效率低，难以大面积推广，因此亟需研发先进适用地膜植棉机械。1982年研制3膜6行棉花铺膜播种机，可进行铺膜播种联合作业，一天的作业效率相当于300个人工。1983—1994年，根据棉花栽培农艺的不同要求，不间断地研制推广了多种新机具，形成了系列新产品，整体技术水平达到国际先进，满足了新疆地膜植棉大面积推广需求，引领了新疆地膜植棉机械化技术的发展。自1985—1994年新疆地膜植棉机械化推广面积达6890万亩，兵团棉农人均管理定额由15亩提高到30亩，技术与装备推广到全国16个省区

100 多个单位。地膜植棉机械化推动了新疆棉花生产第一次提升，皮棉单产也从 1982 年的 38.6kg/ 亩提升到了 1994 年的 82kg/ 亩。

第二阶段始于 20 世纪 90 年代后期，为实现新疆棉花生产的第二次提升，在地膜植棉技术的基础上，新疆生产建设兵团提出了基于机械采棉条件下，植棉全程水肥调控的膜下滴灌精量播种栽培新农艺，包括膜下滴灌节水技术、膜上精量播种技术、高密度的栽培技术都对地膜植棉机械提出了高标准要求，亟待研发与新农艺相配套的联合作业新机具。

“矮、密、早、匀”是新疆棉花高产的关键技术，为满足机采棉种植密度不降低的新要求，提出了行距超窄配置新思路，研发成功一次作业完成种床整理、铺管铺膜、精量播种、种孔覆土等 8 道工序的新机具，达到了播量精确、播深一致、株距均匀、适应机采和高密度的农艺技术要求。膜下滴灌精量播种技术在国内发展迅速，膜下滴灌精量播种机械化推动了新疆棉花生产第二次提升，统计资料显示：2005—2012 年，该技术仅在新疆的推广面积达到 7 662.8 万亩。2012 年新疆生产建设兵团机械化植棉面积 837 万亩，其中膜下滴灌精量播种面积 753.6 万亩，兵团棉农管理定额不均超过 100 亩（图 2）。

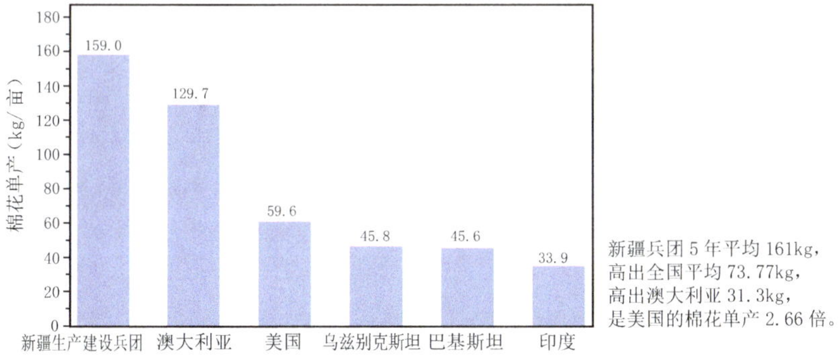

图 2　2009—2013 年主要国家和地区棉花单产平均值

2014 年新疆以占全国 42.3% 的面积，生产了占全国 59.7% 棉花总产量，成为我国最大的优质商品棉生产基地。2014 年新疆生产建设兵团棉花全程机械化种植和管理模式面积超过 800 万亩，占棉花种植面积的 90%，棉花机械采收面积达到 650 万亩，全程机械化体系初步建成（图 3）。

图 3　2016 年新疆生产建设兵团农一师某团完成棉花铺膜播种后的场景

棉花生产机械化改变了传统植棉模式：20 世纪 90 年代以前，农场职工、新疆农民植棉积极性不高，收入微薄。每年 5 月定苗和 9 月采收，新疆生产建设兵团“机关关门、学校停课、工厂停工”，还有 60 万内地采棉大军进疆，全民投身棉花生产。而目前的状态是全兵团各植棉团场 10 天完成播种，30 天内完成收获、秸秆还田和耕翻作业。人均管理面积大幅提升，职工收入大幅提高，“五一”“十一”愉快度假、棉农“快乐植棉”，实现了产业跨越式发展。

棉花生产机械化是新疆生产建设兵团众多科技工作者长期努力奋斗的目标，将农机农艺相结合列为主线，提出不牺牲棉花产量，实现棉花生产全程机械化。符合“矮、密、早、膜”高产栽培农艺要求，符合机械采收的种植新技术，开发出 66cm+10cm 和 72cm+4cm 株行距配置栽培模式，在兵团应用率达到 90% 以上，在新疆达 80% 以上（图 4）。

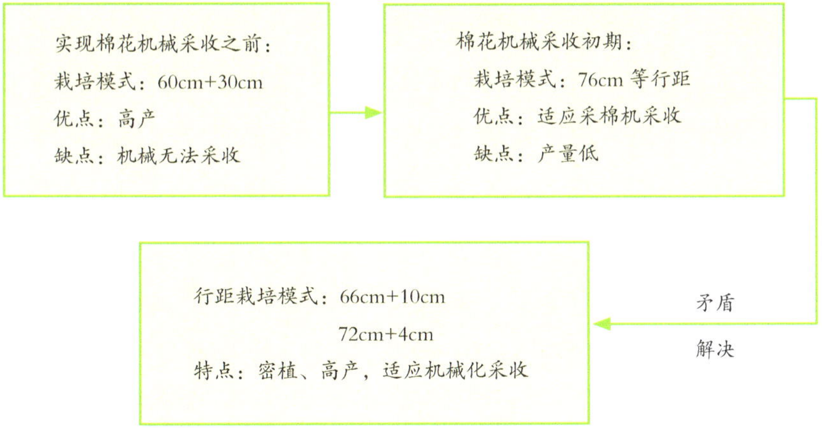

图 4　新疆生产建设兵团机采棉栽培模式的发展历程

兵团科技工作者制定出的明确攻关目标为：以机械装备研究为攻关目标，攻克种子处理、种床整备、精量播种、脱叶催熟、机械收获、储运加工等技术装备瓶颈，快速实现产业化。以机械化采收为主线，集成高产栽培技术、田管配套技术、脱叶催熟技术、机械采收技术、采后储运技术，建立棉花生产机械化技术体系，实现规模化推广应用。

首先针对棉花精少量播种对种子质量的要求，从保证种子发芽率入手，发明了控制棉种损伤的棉种酸溶液脱绒加工工艺方法，研制出能够快速对棉花种子施酸的酸籽反应器，达到了棉籽机械损伤率≤ 2%，施酸均匀度达到 99%，解决了棉种处理过程中破损率高、酸籽反应不均匀、效率低的难题。使棉种发芽率不断提高，到单粒精播阶段，提供的种子发芽率稳定达到 92%。

其次是解决整地质量，棉花宽膜覆盖、浅播是难题，根据不同马力段拖拉机的配套需要，研究开发了播种前种床整备联合整地机系列产品，一次完成松土、碎土、平整、镇压等多项作业，形成地表平整洁净、土壤细碎的良好种床。

膜上打孔穴播是铺膜播种难题，针对膜上打孔新要求，提出“二次投种”新思路，新疆生产建设兵团科技工作者创制成功半精量鸭嘴滚筒式穴播器，工作中滚动一圈，即可完成取种、清种、一次投种导入鸭嘴、二次投种入土全套播种程序。实现了穴播器内圈半精量取种、外圈膜上打孔成穴和定距投种的功能。种子播在膜孔中间位置，棉苗从膜孔长出。

高速作业中滚筒穴播器播种频率要达到每秒播 12 ～ 14 穴。针对精量播种的迫切需求，创新提出将气力精量取种技术与鸭嘴滚筒式穴播技术相结合，攻克了负压取种、齿片清种、闭压投种、强制分种、携种导入鸭嘴、破膜打孔成穴、投种入土等精量穴播技术难题，研制成功我国第一套气吸滚筒式精量穴播器（图 5），将播种精度由半精量提高到精量阶段，实现了 1 粒或 2 粒按需精量播种的要求，价廉、易操作，中国农民用得起。

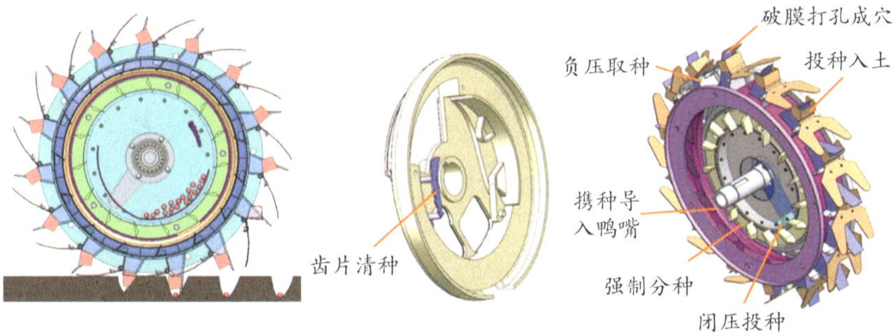

图 5　气吸滚筒式精量穴播器工作原理

针对 72cm+4cm 棉花高产种植新模式，发明了可有效防夹持取种卡壳、破碎的穴播装置（图 6），创制出可实现三角留苗、独立仿形的超窄行穴播器组，破解了行距超窄、播量精密、播深和株距精确的技术难题。针对棉花膜下滴灌铺管技术要求，提出了滴灌带浅埋铺设新方法，研制了组合靴式铺管装置（图 7），实现了铺管铺膜与精量播种同步作业。

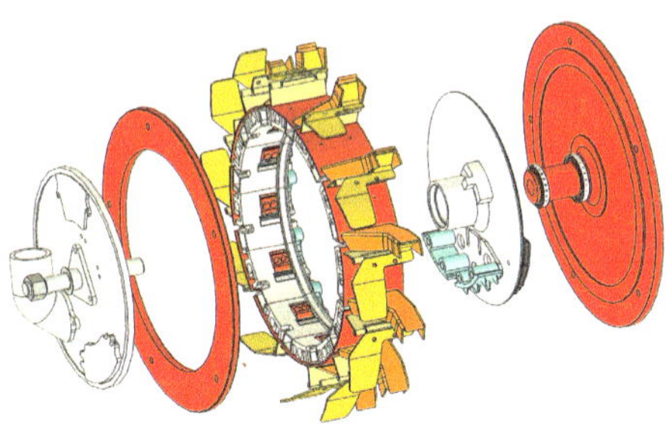

图 6　防夹持取种卡壳、破碎的穴播装置

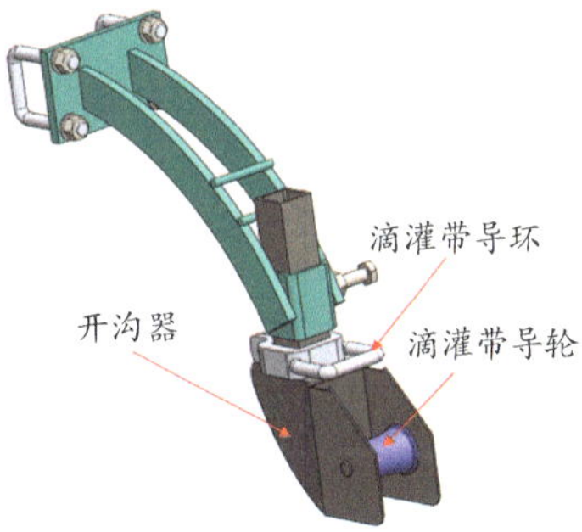

图 7　组合靴式铺管装置

在关键核心部件研究开发完成条件下，研究开发了系列膜下滴灌精密播种机，一次作业完成8道作业程序。针对不同区域的土壤气候条件，研制成功了11种膜下滴灌精量播种机，如图8～图18所示。

图8　3膜18行精量播种机

图9　2膜16行精量播种机

图10　双膜覆盖精量播种机

图11　3膜12行精量播种机

图12　1膜6行精量播种机

棉花机具推广的同时，拓展了膜下滴灌精量播种技术的应用范围，成功开发出玉米、蕃茄、瓜类、水稻、甜菜等作物的滴灌精播机，在新疆、内蒙古（内蒙古自治区，全书简称内蒙古）、

图13　番茄精量播种机

图14　2膜4行通用精量播种机

图15　3膜6行通用精量播种机

图16　4膜8行施肥精量播种机

图17　3膜24行水稻播种机

图18　甜菜精量播种机

甘肃等 6 省区大量推广。

滴灌节水装备的研发是棉花生产机械化技术体系建设中的重大创新。滴灌节水技术是以色列人发明的，主要用于种植高附加值的经济作物，器材的价格昂贵，在中国无法大面积使用；新疆兵团在滴灌节水方面的重大贡献是实现了低成本器材和装备的研究开发，并形成服务体系，大面积应用大田作物。

为配套铺膜播种机与采棉机的使用，滴灌带浅埋 0.5 ～ 1cm，采用 1 膜 3 管，1 管 2 行，滴灌带布置在窄行的中间位置或者采用 1 膜 2 管，1 管 3 行。水肥一体化管理是新疆棉花高产栽培重要举措。为解决滴灌水质清洁问题，新疆兵团科技工作者研究开发了用于河水滴灌系统的砂石过滤机组和用于井水滴灌系统的离心网式组合式过滤机组（图 19），其主要特点是运行可靠、价格低廉。

图 19　井水滴灌系统的离心网式组合式过滤机组

为解决滴灌首部自动化控制问题，新疆生产建设兵团科技工作者研究开发了系列自动反冲洗网式过滤机组及自动施肥机，单套控制面积 1 500 ～ 2 500 亩。自动化控制已逐步替代人工控制，范围含盖了各类过滤机组，大量保有的手动滴灌供水机组进行了升级改造。参考以色列的自动化滴灌系统，新疆兵团科技工作者研究开发了田间管网系统（图 20），实现自动化智能化控制，已大面积田间示范，精度和水肥利用率大大提高，灌水质量得到大幅提高。

图 20　田间管网系统流程解析

在化学药剂立体喷施技术研究方面，为提高高密度种植施药均匀性，特别是打脱叶剂的施药质量，科研团队研发成功了顶喷与吊喷组合立体喷洒技术，发明了分禾扰动装置，实现立体喷施和辅助扰动喷施，解决了高密度种植棉株受药不均匀的难题（图 21 和图 22）。结合化学脱叶催熟技术要求，研发了适于全耕作期的高架喷雾机，减少施药量，脱叶质量提高，立体喷施效果优于国外产品（图 23 和图 24）。

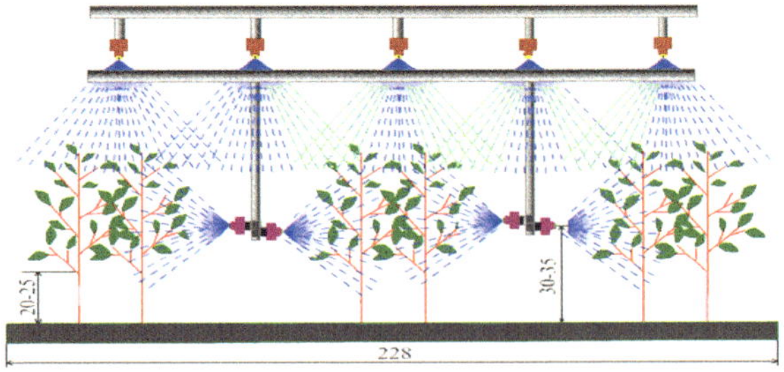

图 21　顶喷与吊喷组合立体喷洒技术

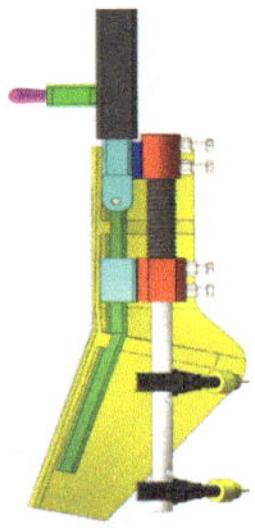

图 22　分禾挠动装置

图 23　原有技术脱叶效果

图 24　项目技术脱叶效果

1975 年，美国已完全实现了棉花机械采收，澳大利亚等国家棉花生产也相继实现了全程机械化，人均管理棉田的面积达 1 000 亩以上。规模化、标准化生产是世界棉花生产和加工业的发展趋势。棉花脱叶是提高机采棉品质的最重要环节，脱叶质量是降低籽棉含杂率的关键措施。

国内外普遍使用的水平摘锭式采棉机，是棉花采摘的主力机型。而梳齿式采棉机有采收成本低、对种植行距无要求、采净率高（＞ 95%）、转移地块方便及可采摘地头的优点，缺点是含杂率偏高（达到 14% ～ 17%，铃壳、小枝条和棉叶）、对高产棉田适应性较差及只能采收完全成熟的棉花（图 25 和图 26）。

图 25　石河子贵航 4MZ-5 水平摘锭式采棉机

图 26　新疆兵团自主研发的梳齿式采棉机作业场景

为解决机采籽棉安全储运问题，引进、消化、吸收、再创新开发出打棉模机，20 世纪 80 年代开始，棉模机的应用成为美国棉花生产机械化中的一大革新，使机械采收效率大幅度增加，籽棉储运安全可靠。为解决棉膜运输问题，通过引进、消化、吸收、再创新，我国自主研发了棉模专用运输车，性能和使用可靠性与进口产品相当，价格只有进口产品的 30%。为解决加工前机采籽棉开松问题，通过引进、消化、吸收、再创新，自主研发成功开棉模机，快速实现了产业化。

为解决棉花茎秆切碎还田问题，研究开发出系列茎秆切碎还田机，实现了大规模的推广应用，棉田茎秆切碎还田率超过 90%。研发成功了新型栅条犁，在土壤比阻为 1，耕深达到 32cm，耕幅调整 250cm 条件下，与 240 马力拖拉机配套作业，作业速度达到了 11km/h，节油效果明显（图 27 和图 28）。

图 27　系列茎秆切碎还田机

图 28　栅条犁

新疆农业机械化装备已逐步向卫星定位、自动导航、自动控制方向发展。目前已建成了面向兵团的空间信息服务与共享系统、农情遥感监测与速报系统、农情信息服务系统等。拖拉机卫星导航自动驾驶技术已应用于播种作业，棉田铺膜播种连接行精度控制在 2 ～ 3cm，1 000m 播行垂直误差小于 3cm。采棉机的采净率、土地利用率、机械利用率、抗灾能力得到大幅提高。

棉花生产机械化技术已实现了大规模推广应用。在 2013—2015 年，新疆区按机采棉技术模式种植棉花 3 825 万亩，实现机械采收面积 2 746 万亩，其中 2015 年机械采收面积达到 1 088 万亩，新疆生产建设兵团 2015 年机采面积 696 万亩，占棉花种植面积的 70%，棉花生产全程机械化技术全面推广。

三、我国棉花生产机械化攻关目标

（一）土地整理是实现棉花生产全程机械化的基础

农业机械化的根是土地，土地整理是我国全面实现农业机械化最重要环节，必须加强高标准农田建设，积极推动土地整理，促进农村土地经营权有序流转，发展经济作物适度规模连片种植，为规模化的农机作业服务创造条件。长江流域与黄河流域两地棉区由于经营规模小，大型农机具作业困难，而中小型配套农机体系不完善，导致两大棉区耕种收机械化水平不高。

（二）农艺、农机与后续加工须高度融合

受自然环境、农民种植习惯等影响，我国各地的棉花品种多样、种植模式各异、收获要求不一，直接影响了农业机械的使用。棉花种植行距 30 ～ 100cm 不等，行距无法满足采棉机对行采摘

要求。喷雾机喷洒脱叶剂时机具不规范，脱叶效果达不到质量要求，造成机采棉含杂率偏高。

针对当前现状，必须大力促进农机、农艺、后续加工高度融合，制定科学合理、相互适应的农艺标准和机械作业规范，将机械适应性作为科研育种、栽培模式推广的重要指标，有针对性地推广一批适合机械化作业的品种和种植模式。长江流域与黄河流域的棉花生产，实现生产全程机械化，农机、农艺、后续加工高度融合是攻关目标：一是棉花的种植密度要提高，棉花的株高要降下来；二是播种质量应达到播行直、接行确、播深一致、镇压确实基本要求；三是地块面积和播行长度要适应全程机械化要求；四是种植模式要符合采棉机进地作业要求；五是品种适应棉花机械采收要求；六是机采棉品质上得去，能与进口棉同台竞争。

当前新疆兵团棉花亩产 400 ～ 450kg 籽棉的栽培技术要点为：宽膜（205cm 膜宽）机采棉配置："66cm+10cm 或 70cm+4cm 宽窄行模式，目前也在试验 76cm 单行种植"，膜上精量点播，膜下滴灌，一膜两管或三管，理论株数 12 000 ～ 18 000 株。打顶后棉花高度控制在 70 ～ 80cm，果枝始节高度 20 ～ 25cm。品种选择要点为：考虑早熟性、抗逆抗病抗虫性，注重纤维长度和衣分等内在品质，满足机采棉技术要求。种子质量具体要求为：棉种纯度达到 97%，经过硫酸脱绒精选后棉种净度不低于 99%，加工精选后的棉种发芽率 92%，健籽率 95%。播前按标准做好土地准备、全层施肥、播前整地、喷洒化学除草剂、适时播种。播种质量达到播行端直、播深一致、播量准确、膜面平展、压膜严实、覆土适宜、错位率不超过 3%，空穴率不超过 2%。

田间管理阶段做好滴水出苗、雨后破除板结、适时中耕、清除余苗、特别要做好化学调控，化控要综合考虑品种、地力、水肥、长势长相、密度、气候条件等因素，因地制宜确定化调时间及用量，原则上应采用如下办法：第一次化调在棉苗出齐现行后进行，亩用缩节胺 2 ～ 3g。一是控制果枝始节以下棉株自然高度；二是促进根系发育；三是提高叶片光合强度和能力，培育壮苗。第二次化调在两片真叶时进行，亩用缩节胺 3 ～ 4g。控制棉株节间长度和促进花芽分化。第三次化调在打顶后 8 ～ 10 天进行，亩用缩节胺 6 ～ 8g。对于长势偏旺的棉田打顶后要进行两次化控，第二次在第一次化控后 10 天进行，亩用 6 ～ 8g，防止上部果枝过度伸长造成中部郁蔽，忌用一次性大剂量缩节胺化控。水肥运筹坚持以地定产、以产定肥的施肥原则，氮肥是 20% 做基肥，80% 在生育期随水滴施；钾肥和微肥全部滴施。棉花全生育期滴水次数及灌水量为：生长期滴水 8 ～ 10 次，亩总滴水量为 230 ～ 280m^3。打顶坚持“枝到不等时，时到不等枝”的原则，适期早打顶。打顶后单株平均保留果枝台数 6 ～ 7 台，棉株自然高度控制在 70 ～ 80cm。病虫害防治按照实际情况及时进行。

机采棉关键环节是脱叶。脱叶剂一般选择 54% 脱吐隆或 80% 瑞脱龙，在棉花田间吐絮率达 40% 时开始喷施脱叶剂，脱叶后田间脱叶率 93% 以上、吐絮率 95% 以上时便可机械采收。

（三）扎实做好棉花种植中的基本问题

实现棉花机械采收，种植管理环节是关键，特别是播种质量需要进一步提高。2016 年棉花专家咨询组在多省区调研，观看了各棉区播种装备，然后观看的棉花播种机中符合基本要求的不多，有些区域提供观摩的机采棉示范田长度不足 150m，棉花出苗率不足 70%，播种联结行误差很大，播行不直、地表不平，影响采棉机进地作业和采净率，影响后续田间作业。棉花全程机械化是一项系统工程，首先要把棉花种好，符合机械采收要求。在播种机械这一块，国内先进适用的适合播棉花的播种机很多，种子质量、整地质量是播好种的关键环节，应引起高度重视。

（四）扎实解决好区域农业可持续发展关键难题

一控、两减、三基本是农业农村部提出的“十三五”攻关目标，其中残膜污染农田治理是攻关目标之一。新疆棉区是重点区域，地膜覆盖栽培改变了新疆棉花生产落后局面，使新疆成为我国最重要的商品棉基地。农田残膜污染治理已成为新疆棉花生产可持续发展的战略问题，扎实做好残膜污染治理工作是我们应尽的职任。

（五）着力提升我国棉花机械装备研究与制造能力

棉花是国家战略性物资，但我国的棉花生产机械化水平相比发达国家有一定差距，各级政府和农机部门应加快大型复式作业机具、田间管理与收获机械等高端农业装备及关键零部件的研究，尤其是提高国产采棉机的工作性能与可靠性，重点推进我国农机企业从生产低端、中小型机具向生产高端、大型智能化农机装备转变。

（六）加快智能化、自动化与农业装备的融合

我国2013年农业机械生产总值已达世界第一，农业装备应逐步从“中国制造”迈向“中国智造”，重点研制智能化复合作业机具、高效棉花收获机械，突破关键零部件电控技术、液压驱动的可靠性，加速自动导航驾驶系统、田间数据与农机调度决策系统和拖拉机和自走式机具的配套。在产前机械化中，要大力发展育种、种子精选和处理技术，提高种子生产智能化程度，提高

种子的商品质量。在耕地、整地作业中，应将电子信息技融合到耕、整地质量的检测验收中，耕翻深度标准为30cm，地头、地边、地中间质量要求保持耕深应一致。保护性耕作、秸秆还田、土地深松和平整有计划进行，加强土地保育和修复。在播种作业中，应全面加强播种机具的更新维护，播种质量符合标准要求。精准播种机具应加强排种质量的电子监控，提高精播出苗率是目标；棉花钵盘移栽区域应加强先进适用移栽机具的研发应用。在田间管理机械化作业中，应大力加强水、肥、药的一体化管理，将田间测产技术应用于棉花生产全过程，提高节水灌溉质量，大力发展精准施肥和施药，特别是精准减药、减肥作业技术应深入研究推广，保证棉花喷雾机的精准、高效。在棉花收获机械化中，应重点提高棉花采净率和降低机采籽棉的含杂率，配套自动驾驶与棉田产量监测系统。在机采籽棉安全储运环节，应严格掌控机采籽棉含水率与籽棉加工工艺研究，提高棉花品质的重要环节。

地膜覆盖栽培与残膜污染防控

陈学庚

一、地膜覆盖栽培技术的应用与发展

地膜覆盖技术具有增温、保墒、抑制杂草生长和缩短农作物生长周期等作用，可使作物增产 20% ～ 50%，农民增收 30% ～ 60%，地膜覆盖技术带动了农业生产的显著提高和生产方式的不断改进。欧美各国采用地膜覆盖已有 300 多年的历史。1938 年，英国科学家首次采用聚乙烯地膜进行覆盖栽培；20 世纪 50 年代初，日本开始在蔬菜种植上大规模使用塑料薄膜覆盖技术。随后，法国、美国、意大利、以色列和苏联等也相继在农业生产中推广应用。日本是研究使用地膜最早的国家之一，早期进行了覆盖地膜种植草莓的研究，很快便广泛应用于各种经济作物种植上。

地膜覆盖栽培技术在我国农业生产中占有重要的战略地位，对利用有限的水资源发展旱地农业，保障我国粮食安全起到了重要的支撑作用。20 世纪 70 年代末，地膜覆盖栽培技术由日本学者石本正一引入我国，并在随后的蔬菜覆膜栽培中获得成功。1982 年我国开始大规模推广地膜覆盖栽培技术，增产效果明显，推广应用迅速，1988 年地膜覆盖面积 3 000 万亩，2012 年地膜覆盖面积达到近 3 亿亩，年使用量在 120 万 t 以上，地膜生产量和使用量均居世界第一。

（一）地膜植棉机械化推动了新疆棉花生产第一次提升

新疆是我国农田地膜覆盖栽培重点区域，棉花、番茄、瓜类、蔬菜几乎 100% 覆膜栽培，每年地膜应用面积超过 5 000 万亩，地膜使用量超过 15 万 t。

新疆大田作物地膜覆盖栽培是从地膜植棉开始的，回顾历史：20 世纪 80 年代前棉花生产整体水平很低，1982 年新疆棉花种植面积仅占全国 4.9%，总产占全国 4%，平均单产 34.1kg，低于全国平均水平。1980 年新疆石河子垦区引进地膜覆盖技术，通过对比种植试验，使用地膜覆盖种植的棉田增产 35%，但是人工作业效率低，难以大面积推广。1981 年，新疆生产建设兵团掀起研制先进适用铺膜播种机的热潮，1983—1994 年，根据棉花栽培农艺的不同要求，不间断地研制推广了多种新机具，形成了系列新产品，整体技术水平达到国际先进，满足了新疆地膜植棉大面积推广需求，引领了新疆地膜植棉机械化技术的发展。截至 1983 年 5 月，有 13 种铺膜播种机样机通过了农业部组织的科研成果鉴定，地膜植棉机械化技术使兵团棉农人均管理定额由 15 亩提高到 30 亩，棉花种植面积达 6 890 万亩，推动了新疆棉花生产第一次提升（图 1 ～图 4）。

图 1　2BMS-6A 铺膜播种机

图 2　2BMS-8 铺膜播种机

图 3　2BMS-8A 铺膜播种机

图 4　2BMS-18 铺膜播种机

（二）膜下滴灌、精量播种技术，实现了新疆棉花生产的第二次提升

20 世纪 90 年代末期，在地膜植棉技术的基础上，新疆生产建设兵团提出了基于棉花生产全程机械化条件下的宽膜覆盖、膜下滴灌精量播种、植棉全程水肥调控的栽培新农艺。课题组围绕新形式下棉花种植农艺要求，研发出适应宽膜覆盖、膜下滴灌、精量播种的整套高效田间作业新机具，将地膜覆盖栽培提高到新水平。图 5 ～图 12 为 1995—2008 年研发的棉花精量铺膜播种机，图 13 和图 14 为新疆生产建设兵团农一师某团完成棉花铺膜播种后的场景。

目前新疆棉花生产的总体状态：2014 年，新疆生产建设兵团皮棉亩单产达 155.7kg，比全国平均单产高出 58.12kg，比澳大利亚高出 19.8kg，比美国高出 97.8kg，新疆以占全国 42.3% 的棉花种植面积，生产了占全国 59.7% 的棉花总产量。2016 新

图 5　3 膜 18 行精量铺膜播种机

图 6　2 膜 16 行精量铺膜播种机

图 7　双膜覆盖精量铺膜播种机

图 8　3 膜 12 行精量铺膜播种机

图 9　1 膜 6 行精量铺膜播种机

图 10　施保水剂精量铺膜播种机

图 11　3 膜 12 行双膜覆盖精量铺膜播种机

图 12　5 膜 20 行精量铺膜播种机

图 13　棉花铺膜播种后的场景

图 14　棉花铺膜播种后的场景

疆棉花总产量在全国所占比例达到78.6%，产量和整体效益大幅度提高。

二、 新疆农业生产和残膜污染状况

地膜覆盖栽培为我国农业发展做出重大贡献，带来巨大经济效益，促进了农民的增产增收，脱贫至富，但农田残膜治理工作的不彻底，也为农业的可持续发展留下隐患。

（一）残膜污染带来的危害

1. 影响作物产量

种子播在地表残膜位置，影响幼苗根系对水分和养分的吸收，易造成烂种、烂芽，幼苗枯黄或死亡，导致作物产量下降。连续覆膜3～5年不收膜的土壤种小麦、玉米、棉花，产量开始有一定幅度的影响。

2. 破坏土壤结构

残留量从0提高到15kg/亩时，土壤孔隙度降低，板结程度提高，严重影响土壤生物的活动。土壤孔隙度下降，通透性降低，在一定程度上破坏农田土壤空气的循环和交换，进一步影响到微生物的正常活动，降低肥力水平，造成土壤次生盐碱化。

3. 降低皮棉品质

在机械采收棉花时，籽棉中混入了残膜，加工过程中很难将混入籽棉中的残膜清除，降低了皮棉等级，严重影响到产品的销售；皮棉中若含入残膜，棉纺厂织出的布在染色过程中将着色不匀，出现白星，直接造成次品。

4. 其他副作用

影响农村生态环境；缠绕播种机等田间作业机具的工作部件，影响正常作业；与秸秆、饲料混在一起，可导致家畜胃肠功能失调甚至死亡。

（二）残膜污染状况调查

2017 年，新疆生产建设兵团以团场为单位，全面开展农田残膜污染状况调查，查清农田残膜污染面积、程度、分布等基本情况，建成农田地膜投入量、地膜残留量、地膜回收量等综合治理档案。其中八师土地面积 300 余万亩，土地中平均地膜残留量 24.5kg/ 亩。各师典型团场：七师 130 团棉田中平均地膜残留量 36kg/ 亩；八师 149 团 27.83kg/ 亩；六师芳草湖总场 28.6kg/ 亩。为全面治理奠定基础。

三、国内外农田残膜污染治理现状

农田残膜污染呈逐年加重势态，成为农业可持续发展的重大隐患，引起国家高度重视：2014—2017 年中央一号文件明确指出：加大农业面源污染防治力度，推广高标准农膜和残膜回收等试点，加强农业生态治理，开展农田残膜回收区域性示范。2014 年 12 月农业部（现为农业农村部）提出："力争到 2020 年，残膜回收率基本达到 80% 以上"的目标。

在地膜污染防治方面，日本和欧美等发达国家采用加厚地膜，近年来也开始使用可降解地膜，同时配套严格的地膜回收处理法律法规，从源头上杜绝了地膜残留污染的发生。

日本。在地膜产品方面，制定农用的聚氯乙烯薄膜标准（*JIS*

K 6732，1996）。要求聚乙烯地膜厚度必须在 0.02mm 以上，具有较高的强度，能在使用后回收时不发生大面积的破碎断裂，否则被视为不合格产品。在地膜回收处理方面，《日本废弃物处理及清扫法》中规定农民在使用完地膜后不能私自扔掉、焚烧和填埋。否则将会被处于高额罚款。残膜回收流程为：农民对使用后地膜进行回收、清洗，然后按照重量付费交给产业废物管理公司，公司对回收地膜进行再处理，制成燃料块后卖给有关能源企业。

欧洲。欧洲各个国家都出台一系列的相关法律给予约束。《农业废弃物填埋条例》和《农业废弃物焚烧条例》对废弃农膜回收处理都进行了明确规定；意大利通过立法的形式，将农膜生产者、经营者以及使用者结合在一起，保证农用塑料废弃物安全回收和处理；法国环保部在 2003 年出台了农业塑料废弃物回收和利用法律条文，对农用薄膜回收利用进行了详细规范。

中国。当前，中国农业生产中残膜治理主要采用简易搂膜机械和人工回收相结合的模式进行，存在的主要问题是劳动强度大，生产效率低，作业质量难以保证，尤其是回收率偏低，秋季当年新铺地膜回收率不到 50%，春季待播地地表 5cm 耕层内残留地膜回收率不足 60%，使土壤中残留地膜含量随着种植年限的增长而不断增加。

（一）残膜回收机的种类

机械化回收技术仍然是治理残膜污染的一个重要途径，主要有以下原因。

第一，30 多年来积累的污染没有更好的方法解决。

第二，从我国国情分析，聚乙烯塑料薄膜在很长时间内仍要继续使用。

第三，农业生产中地膜用量还在持续增加。

我国自 20 世纪 80 年代开始对地膜回收进行研究，先后开发出滚筒式、弹齿式、气力式、滚轮缠绕式、齿链式等多种形式的残膜回收机。

据不完全统计，我国研制的残膜回收机机型多达百余种，根据农艺要求和作业时段可以分为：苗期残膜回收机械、秋后残膜回收机械、播前残膜回收机械、其他残膜回收机械。

苗期残膜回收：存在局限性，应用较少。

播前残膜回收：新疆播前残膜回收是普遍进行，但回收率很低，在认真进行的前提下，地表 5cm 内的残膜回收率不足 50% ～ 60%，翻地深度一般达到 30cm，换算到全耕层，不足 10%。

秋后残膜回收：目前应用最广泛的技术，缺点：残膜回收率低、劳动强度大、作业效率低。目前，新疆地区应用最广泛的是立杆搂膜机械，其作业流程如图 15 所示。

图 15　秋后收膜作业流程

首先，采用秸秆还田机，垂直棉行方向间隔 30m 开出 3 ～ 5m 卸膜道。

其次，采用立杆搂膜机进行搂膜作业，残膜在卸膜道内集条（图 16）。

最后，人工将集条残膜转运出去或用专用捡拾打包机打成方包（图 17）。

图 16　秋后立杆式残膜回收机

图 17　为残膜捡拾打包机

秸秆还田收膜联合作业机，存在的主要问题是使用可靠性待进一步加强，图 18 为秸秆还田与残膜回收联合作业机。图 19～图 24 为甘肃、内蒙古、山西等地区应用的主要残膜回收机型。

图 18　秸秆还田与残膜回收联合作业机

图 19　1FMJG 型振动膜土分离残膜回收机

图 20　马铃薯挖掘及残膜回收联合作业机

图 21　铲筛式残膜回收机

图 22　玉米全膜双垄沟残膜捡拾机

图 23　链齿式残膜回收机

图 24　铲掘链条分离式残膜回收机

（二）残膜机械化回收的难点及问题

1. 地膜太薄，强度达不到机械回收要求

秋后老化严重，强度很差，再加上机具碾压，使残膜压入轮辙与土壤紧密黏合，难以分离，膜面高低不平，部件仿形很困难，机械回收难度很大。

2. 土壤差异性大

不同地块土壤特性、板结程度差异很大，给残膜捡拾部件工作状况产生的影响明显，入土深度不一，残膜回收效果大不相同；不同地块土壤含水率的差异，同样对捡拾工作部件的作业适应性、回收效果，带来巨大影响；适应不同土壤、不同的墒度是残膜回收机械研究设计中遇到的重大难题。

3. 缺少有效可推广的技术模式

农用残膜再生利用价值低，加上土地使用权的不确定性，政府之前无相应措施，导致农民对土地掠夺式的使用、残膜回收意识不强，长期以来耕地中残膜得不到及时清理，多年累积，农田残膜含量逐年增加。缺少先进适用的残膜回收机械，人工回收效率低、强度大；作业时间上也很难有所保证。秋季要赶时间犁地，春季要抢时间播种，许多单位只有在有时间的情况下才会收膜。但是最根本点：一是对农田残膜污染治理没有法律法规约束，未引起全社会的足够重视；二是先进适用机械的研究严重滞后，由于残膜回收机械研究难度大，涉足长期深入研究的团队和科技力量不大，经费投入也不足。

农田残膜污染治理是保障我国粮食安全的重大战略问题。地膜覆盖栽培经济效益巨大，目前推广面积接近 3 亿亩，且有继续扩大趋势，西部省区经过 30 余年的推广种植，部分农田残膜污染已到了相当重的程度。为解决农田残膜污染问题，国家和地方政府大力推进农田残膜污染的治理工作。

2015 年 4 月 28 日农业农村部启动了行业专项“残膜污染农田综合治理技术方案”。针对任务要求，项目组根据目前新疆生产建设农田残膜污染治理技术现状，启动了全方位的实施方案；短期内研究开发出一批新型残膜回收新机具，2016 年 10 月 9 月，新疆生产建设兵团在石河子垦区召开了规模宏大的残膜回收机具现场演示研讨会，有 13 种新研发的机具参加了演示，众多院士、学者做了学术报告。

四、我国农田残膜污染治理展望

农田残膜污染治理是国家关心的大事，也是兵团绿洲生态农业可持续发展的战略问题。2016 年 8 月 5 日，新疆生产建设兵团召开了农田残膜污染治理座谈会，兵团政委孙金龙亲自主持，主管农业的兵团副司令和各部局主管领导参会，重视程度是兵团历史上很少见的，标志着兵团农田残膜污染治理开始走上快车道。

新疆是我国农田残膜污染治理最关键的区域，兵团政委孙金龙在座谈会上特别强调：兵团 20 世纪 80 年代初，率先创制出先进适用地膜植棉机械，整体技术水平达到国际先进，满足了新疆地膜植棉大面积推广需求，引领了地膜植棉机械化技术的发展。

在农田残膜污染治理上，要率先取得重大突破，为我国农田残膜污染治理引领示范。治理农田残膜污染是个系统工程，涉及法律法规、补贴政策、地膜减量化应用、可降解地膜应用、PE 地膜机械化回收、回收的残膜资源化利用等系列问题。

在地膜减量化应用方面：覆膜种植产生的效益不是很明显，而且生长期能满作物成熟要求的，建议不使用地膜覆盖栽培。

在地膜应用方面：应根据不同作物的残膜回收难度、适应性、增产效果等综合因素，确定使用 PE 地膜或可降解膜。例如，新疆区种植加工番茄，残膜回收难度太大，应使用可降解膜；花生、马铃薯、瓜类、玉米回收难度也很大，应选择使用降解膜；烟叶使用降解膜，对品质提升有明显优势，应使用降解膜。

近年来世界上可降解地膜研究开发取得重大进展，应用面积在逐步增加，可降解膜替代 PE 地膜是最终趋势，但存在相当长的共存期。PE 地膜预计在 10 ～ 15 年内仍是主流，实现农田残膜回收机械化是必然举措，将当年新铺地膜全回收和耕层内残留地膜逐步回收放在同等重要位置，不欠新账，逐步还老账。

可实现机械化回收的作物，应优先使用 PE 地膜。新疆棉花已初步实现了棉花生产全程机械化，机械采收籽棉中对三丝的进入要求严格，特别是残碎片，混入机采籽棉对皮棉品质影响极大，同时降解膜阻隔性能远比不上聚乙烯地膜，对棉花产量影响明显，价格也偏高，农民不愿意使用，因此在相当长的时段内需继续使用 PE 地膜，实现 PE 地膜全回收，核心问题是先进适用的残膜回收机，我国 30 多年来，尽管研制出的残膜回收机达到上百种，但使用可靠性高、适用性强、可投入规模化生产应用的不多，迫切需要突破新型残膜回收机械难题。

在研新型残膜回收机械方面：规定了 5 条标准，一是容易操作，不需要对机具进行复杂调整，驾驶员阅读了使用说明书，进行简单调整后即可正常作业。二是作业效率高、使用可靠性高，作业面积能上得去，单幅联合作业机具 10h 工作量应稳定达到 100 ～ 120 亩。三是回收率能达到 90% 以上、作业费中残膜回收成本不超 20 元。四是具备自动卷膜功能，回收的残膜卷可方便集中堆放。五是回收后的残膜含杂率要偏低，为资源化利用创造基本条件。

在高强度耐老化地膜全回收机械研究开发方面：PE 地膜后处理和资源化利用是农田残膜污染治理最重要环节，让回收的废旧地膜有出路，资源化利用是解决问题的最终办法。高强度耐老化地膜试验工作已开展，2019 年在石河子 145 团进行了试验，面积 300 亩，效果不错，最终 10 月中旬拿出结论。高强度耐老化地膜与普通 PE 地膜相比，成本仅增加 10% ～ 15%，增加的成本可与残膜余值基本持平。

在可降解膜的研究开发和试验力度方面：可降解膜不同于普通 PE 地膜，在不同土壤、气候条件下降解性能差别很大，区域试验配方的确定尤其重要。对可降解膜的应用提出 3 点意见。

一是能真正降解。要求能够在两年内能完全降解，降解后不能在土壤中留下固体、液体或气体等形式有害物质。

二是能达到普通聚乙烯地膜的增产效果，对作物产量影响不大。

三是降低生产成本。在满足前两个要求条件下后，加强工业生产节本增效产业化研究，让农民用得起、愿意用。

喻树迅

喻树迅，男，1953年11月出生于湖北省麻城市，著名棉花遗传育种家。1979年毕业于华中农业大学，2003年获西北农林科技大学博士学位，研究员、博士生导师，2011年当选中国工程院院士。任棉花生物学国家重点实验室主任、中国棉花学会理事长、农业部棉花生产专家顾问组首席专家、国家现代农业产业技术体系棉花体系首席科学家、“973计划”项目首席科学家、国际棉花基因组指导委员会遗传资源委员会主席等。

长期从事棉花短季棉遗传育种研究，提出了我国短季棉区划和短季棉育种目标，主持或参加育成短季棉品种25个，缓解了我国粮棉争地矛盾，促进了棉花稳产高产；研究转基因技术，主持建立上、中、下游合作机制，培育系列具有自主知识产权的转基因抗虫棉品种，基本控制了棉铃虫的暴发为害；主持“973计划”项目，开展棉纤维发育基础理论研究，成功将海岛棉优质基因片段转移到陆地棉中，大幅提高了陆地棉纤维品质；发起棉花基因组中美联合测序，完成亚洲棉（*A*基因组）、雷蒙德氏棉（*D*基因组）和陆地棉（*AD*基因组）测序工作，为棉花功能基因组学研究和分子改良奠定了基础。获国家科学技术进步奖一等奖 1 项，二等奖 3 项，省部级奖 8 项，2010 年获何梁何利基金科学与技术进步奖。主编、参编《中国短季棉育种学》等著作 6 部，发表论文 137 篇。1995 年起享受国务院政府津贴，1995 年“百千万人才工程”国家级人选，1997 年农业部“神农计划”提名人，1998 年国家中青年有突出贡献专家，1999 年获河南省五一劳动奖章，2006 年获农业部首届中华农业英才奖，2009 年获河南省中原学者称号，2014 年获全国杰出技术人才称号，1998 年他领导的课题组获全国五一劳动奖状。

快乐植棉——中国棉花生产的发展方向

喻树迅

棉花是我国重要的经济作物和纺织工业原料，涉及近1亿棉农的收入和2 000多万纺织工人的就业问题，我国棉花无论是种植面积还是产量，都位于世界前列。但是与先进植棉大国相比，我们的棉花生产方式落后、经营规模小、劳动生产率低、生产成本比较高。在当前城市化进程不断加快、大量农村劳动力向城市转移的背景下，种植棉花较其他大田作物更费时费工已经成为影响我国棉花生产稳定越来越突出的因素，发展棉花生产机械化、解决棉花生产过程中劳动力短缺的需求越来越迫切。因此，本次报告简要介绍了我国棉花生产的发展现状及实现快乐植棉的必备条件和制约因素，分析了目前实现快乐植棉的有利环境，并进一步提出了实现快乐植棉的措施建议。

一、我国棉花生产的现状

棉花是我国的重要经济作物，常年种植面积为533万 hm^2 左右，约占世界种植面积的15%。我国是世界最大的棉花生产国，同时又是最大的消费国，总产和单产均居世界首位，棉花年总产量约占世界总产量的25%，平均单产比世界平均单产高50%。根据棉花种植区域的生态条件以及棉花生产的特点，我国棉花生产主要集中在黄河流域、长江流域和西北内陆三大棉区。其中长江流域棉区面积占全国的25%，总产量占全国的22%；黄河流域棉区面积占全国的40%，总产量占全国的37%；西北内陆棉区面积占全国的35%，总产量约占全国的50%。据美国农业部（USDA）估计：2011－2012年中国棉花产量约达到684万t，占世界棉花总产量2 685.5万t的25.47%，与印度（16.14%）、美国（14.16%）、巴基斯坦（9.24%）、乌兹别克斯坦（12.47%）一道成为世界五大产棉国。但是，据中国棉花协会调查显示，2013年中国棉花种植面积继续下降，创十年新低，棉农植棉意向较2012年下降6.4%，预计全国植棉面积456.4万hm^2，十年来首次跌破467万hm^2。近年来，由于棉花生产成本持续上涨，比较效益低下，我国农民植棉积极性不断降低，棉花种植面积不断减少。尤其是现阶段，国内棉花生产仍然以手工为主，费时费工费力，很难与补贴高、机械化程度高的粮食生产相抗衡。因此，亟需提高我国棉花生产的机械化水平，加快实现快乐植棉。

二、快乐植棉的必备条件及现状分析

棉花生产未来发展方向应为“五化四字”。“五化”即规模化、机械化、信息化、智能化、服务社会化，“四字”即快乐植棉。2013年受新疆生产建设兵团委托，笔者对兵团棉花生产进行了多次考察，发现兵团大多数团场实现了快乐植棉的目标，一般每亩棉田用工3个，最先进的团场不足1个。生产环节基本实现社会化服务，集成一条龙“工业化”的棉花种植生产线。每个农工管理50亩棉田，可得6万元左右的收益，改变了以往种植棉花费工、费力的传统观念。团场职工不愿进工厂当工人，乐于当农民，原因只有一个：植棉快乐。

（一）棉花生产规模化

因为植棉实现信息化、智能化、机械化的必要条件是规模化，如果地块小，机械化作业和信息、智能化的手段均无法应用，所以快乐植棉所要具备的首要条件是规模化。随着城市化、工业化的逐步推进，大量的农村劳动力转移到非农产业，农民合作经济组织和种植大户等规模经营主体不断出现，加之农村生产力水平不断提高，土地流转从自发到自觉，模式由单一到多样，出租、代租、转租、转包、托管、入股、置换、转让、反包倒租和土地合作社等流转形式顺势而为，多极迸发。近年来，安徽省阜阳市颍东区先后出台《颍东区扶持现代农业发展暂行办法》等政策，大力扶持新型农业经营主体发展，有力推动了农村土地流转。2014 年上半年，全区新增土地流转面积 1 600hm^2，流转土地总面积达 2. 39 万 hm^2，占全区 4. 13 万 hm^2 耕地面积的 58% 左右，其中，流转土地 3. 33hm^2 以上的规模种植户已突破 1 000 户，规模经营总面积达到 1. 2667 万 hm^2。湖南省农村土地承包经营权流转的发展势头明显加快，至 2010 年年底，全省耕地流转面积 65. 3973 万 hm^2 占家庭承包耕地总面积的 20. 22%，是 2008 年调查统计数 8. 18% 的 2. 5 倍。同时，流转形式多样化，流转范围不断拓宽，土地规模经营凸现。苏北地区，部分农民自发进行土地流转，流转方式多样化。虽然规模小，流转年限短，但已突破了传统农民仅依赖土地、靠天吃饭的角色，也取得了一定的成效。此外，政府还组织了大规模的承包，将农民土地承包经营权进行流转，规模较大，流转期限较长，多数在 5 年以上。苏南地区土地流转的主要方式是土地承包制度和转包。

此外，新疆认真贯彻农村土地承包法，使农村土地流转工作在遵循依法、有序、审慎、稳妥的原则下有序开展。截至 2010 年年底，全区农村家庭承包经营耕地面积为 202.7667 万 hm^2，总流转土地面积为 21.2713 万 hm^2，占总家庭承包土地面积的 10.5%。流转方式有：转包、出租、互换、转让、股份合作及其他方式，流转期在 1 ～ 5 年。流转主要用于规模化种植粮食作物和经济作物。合理的流转，使农村土地承包关系基本稳定，农户土地承包经营权的占有、使用和收益权基本得到保障。

（二）棉花生产机械化

植棉用工多、机械化程度低是制约当前我国实现快乐植棉的主要障碍，棉花生产全程机械化是实现快乐植棉的根本出路。随着劳动力成本的不断上升，传统人工整地、播种、灌溉、采摘等已不适应当前棉花生产的发展。与先进大国相比，我国棉花机械化水平低，且区域之间差异极大。据周亚立和毛树春（2011）按国家农业行业标准规定测算，2010 年全国棉花耕种收综合机械化水平为 38.3%，同年全国农作物耕种收综合机械化水平为 52.3%，棉花低 14 百分点。与此同时，三大棉区机械化水平的差异甚大，西北内陆棉区最高为 73.6%，兵团还高于地方 10.5 百分点，在兵团一些团场棉花生产机械化率达到 98%。据棉花产业技术体系调研数据分析，我国棉花综合机械化水平仅为 47.83%，其中机耕为 76.84%，机播为 54.18%，机收为 2.81%，而同期小麦、大豆、玉米和水稻的综合机械化水平分别为 89.4%、68.9%、60.2% 和 55.3%。棉花生产中收获环节是劳动强度最大、耗费人力最多、投入成本最高的环节，已经成为影响我国棉花生产的瓶颈。据中国农业科学院棉花研究所统计，2011 年每亩棉花生产人工费用上涨至 782.1 元，涨了 221.3 元，增加了 39.5%，占总成本上涨部分的 84.8%，人工费用占比首次超过物化成本。其中收获环节的人工费用占绝对比重。2013 年，山东植棉区棉花收获人工成本约为 2.2 元 /kg，新疆植棉区为 2.5 元 /kg（部分地区人工费用已达 3 元 /kg），植棉农户的利润大部分用来支付收获费用。收获机械化水平之所以难以提高，是因为机械化采棉技术运用是一项系统工程，其不仅要求突破机收环节的技术瓶颈，更是对传统棉花种植和加工模式的挑战，涉及棉花生产过程中的品种选育、种植模式、栽培农艺、棉花加工流通及棉花质量标准等各个环节，各个环节共同发展是推进机采棉技术、提高棉花机收水平的必要保障条件。要想稳定国内棉花面积和产量，就必须提高棉花生产的机械化水平，特别是采收环节的机械化水平。

目前，我国棉花生产的棉田耕整、播种（直播）、植保、排灌等环节的技术已经成熟；已研制出多种机型的制钵、移栽和拔棉秆等设备，处于示范、推广和完善阶段；机收方面，山东省供销社直属企业天鹅棉机公司及其在美国的研发中心成功研制出完全民族品牌的采棉机。此外，农业农村部南京农业机械化研究所研制出了复指杆式采棉机及与之配套的籽棉预处理装置，实现了从采摘、清杂、轧花、打包的全程机械化。

（三）棉花生产信息化

信息化涵盖了农业产前、产中、产后各过程的信息采集、传输、处理过程，包括作物生长模拟模型、作物生产决策系统和农业专家系统等。信息技术和生物技术等高新技术在农学领域的渗透与拓展，正使现代作物栽培学发生着深刻的变革。其中，数字农业与精确农业的兴起催生了作物精确栽培理论与技术，为作物生产提供了全新的技术支持和全方位的信息服务，使作物生产管理走上了数字化、精确化和科学化的轨道。20 多年来，农业信息技术的快速发展使作物栽培学进入到定量化和精确化的研究与应用阶段。尤其是美国、加拿大、荷兰、英国、法国、德国等发达国家，针对精确农业的发展前景，研究建立了基于农作系统模型和空间信息技术的数字化农业生产管理系统，通过推广应用获得了突出的社会、经济和生态效益。美国依靠全球卫星定位系统和计算机技术，实现了因地、因点、因苗（精确到几十株甚至几株）进行精确施肥、喷药，使农业智能化管理更进了一步。欧洲各国也相继开展了精准农业的研究与实践，法国的联合收获机产量图生成及质量测定、肥机械和电子化植保机械利用 GPS 和 GIS 系统进行变量作业已成为现实，并开始投入使用；英国开发的带有电子监测系统（Electronic monitoring system，EMS）的拖拉机具有故障诊断和工作状态液晶显示功能，EMS 可严密地控制机器各主要功能的变化，可以控制耕作以及播种的宽度、深度等。以色列用水管理已实现高度的自动化，全国已全部实施节水灌溉技术，其中 25% 为喷灌，75% 为微灌（滴灌和微喷灌）；所有的灌溉都由计算机控制，实现了因时、因作物、因地用水和用肥自动控制，水肥利用率达到 90%。

我国棉花生产信息化起步较晚，但近年来发展较快。自 20 世纪 90 年代，中国农业科学院棉花研究所等单位先后在棉花生产数据库与信息管理系统、长势监测、肥水管理、生长发育和形态模拟、专家系统、决策支持系统以及 3S 技术［遥感技术（Remote sensing，RS）］、地理信息系统（Geography information systems，GIS）和全球定位系统（Global positioning systems，

GPS 的统称）的应用等方面开展了一系列研究，取得了良好的进展，建立了基于遥感的棉花生长监测模型；构建了评价棉花长势的生长指数、棉花生长发育模拟模型、棉花形态模拟模型、棉花管理专家系统（水分、肥料和植保）以及棉花生产决策支持系统等。然而由于我国内地棉区的棉花生产在种植制度（一熟、多熟、套作）、种植方式（直播、育苗移栽、地膜覆盖）及地域性（分布零散、气候多样）等方面的复杂性，大多数模型和系统难以得到广泛的应用，导致内地棉区棉花生产信息化程度较低。而新疆植棉区立足棉花生产需求，响应中央一号文件，新疆生产建设兵团联合科研院所高校，结合新疆棉区的生产特点，开展了大量有关棉花生产信息化的研究和实践，取得了一批重要成果，形成了六大精准植棉技术。目前已基本实现了利用 GPS 导航和生长模型对棉花进行精量播种，利用 RS 和 GIS 技术进行棉花面积和长势提取、产量估测，建立了棉田信息监测系统、智能节水灌溉系统以及微机决策平衡施肥系统，制订了多项现代农业的技术指标与技术规程，进行了广泛的棉花信息化和机械化技术的试验、示范和推广。

（四）管理智能化

随着广泛引入微电子技术，农业机械装备进入了机电一体化时代。精确农业也对农业机械提出了更高要求，进一步促进了农业机械的智能化发展。目前，发达国家的智能农业机械技术已趋于成熟，大多复杂的农业机械装备都配备了智能化的控制装置和电子监视系统，变量农业机械在农业上的应用已比较普遍；而且在国际市场上高度智能化的农业机械领域已被发达国家占领。法国的联合收获机产量图生成及质量测定、肥机械和电子化植保机械利用 GPS 和 GIS 系统进行变量作业已成为现实，并开始投入使用；以色列用水管理已实现高度的自动化，所有的灌溉都由计算机控制，实现了因时、因作物、因地用水和用肥自动控制，水肥利用率达到 90%。此外，智能化机械在我国也已经被科技界和社会广为接受。据报道，小麦、玉米生产采用智能决策后，平均单产提高 10% ～ 30%，节约成本 5% ～ 15%，生产效益提高 30% 以上。

总起来看，智能化技术在农业上研究不断增多，虽然个别领域已有成套的设备或系统的研究和应用，但大部分研究尚处于准备阶段。可以预计，人工智能在棉花生产上的应用在不久的将来必有一个大的发展。

（五）服务社会化

以前，每到麦收时节，无论在外多远，务工人员都要回家抢收抢种，如今各地逐步兴起各种合作社，对农业生产进行专业服务，全国收割机大协作，农民在地头等收割机收完麦，收购企业在地头收麦，从南到北，从 5 月到 7 月抢忙抢收，农机 2 个多月的时间既服务了农民又收回了农机投资，不但专业化程度高，服务质量好，而且解决了大问题，这种方式整个产业链相关环节各得其所。新疆生产建设兵团就是发挥了社会化服务，减轻了繁重的劳动，使棉花生产变得轻松快乐。

三、制约我国实现快乐植棉的关键因素

（一）土地规模化流转不可回避

因为植棉实现信息化、智能化、机械化的必要条件是规模化，

如果地块小，机械化作业和信息、智能化的手段均无法应用，所以快乐植棉所要具备的首要条件是规模化。必须依靠政府组织化来实现这一目标，要运用当前土地流转、农场经营的机遇，积极组织农场、庄园式的经营方式，扩大生产规模，以期应用先进的生产装备，实现农业现代化。

（二）植棉用工多、机械化程度低是制约当前我国实现快乐植棉的主要障碍

目前，我国棉花生产机械化水平由高到低依次是西北内陆棉区、黄河流域棉区和长江流域棉区。其中，西北内陆棉区的新疆生产建设兵团棉花机械化发展水平远远高于全国其他地区（表1），兵团棉花除收获和打顶外，从播种、植保、中耕追肥、拔棉秆、棉子脱绒等各环节已全部实现机械化。而从当前棉花生产的情况来看，制约我国棉花生产机械化水平提高的环节主要在长江中下游流域棉区的栽种作业和所有棉区的棉花采收作业两个方面。

地域差异制约了棉花机械化栽植水平的提高。长江流域棉区棉花种植主要以育苗移栽为主，但目前我国棉花移栽机械还不够成熟，难以满足地膜覆盖移栽、免耕打穴移栽（如移栽麦后棉、稻田棉等）等农艺要求，在机械移栽过程中还容易出现破钵、伤根、窝根和漏苗，同时移栽质量不稳定、劳动生产率较低和生产投入高等都是限制机械化移栽技术进一步推广的主要因素。在棉花机播水平较高的黄河中下游和西北内陆棉区，主要问题在于部分生产环节缺乏宽幅、精密、高效和联合作业机组，致使农业生产资料投放水平较低，机具进地次数过多，同时由于棉种加工质量水平的限制，发芽率和净度较低，限制了精量播种机的推广应用，导致播种量偏大，使生产成本增加。

表 1　2012 年棉花机械化水平

区 域	机械化水平	机械作业主要环节	人工作业环节
长江流域	10%	仅部分植保	免耕、畜力整地、制钵、移栽、施肥、打顶和手采
黄河流域	淮北：20%	机整、机肥和部分植保	制钵、移栽、打顶和手采
	华北：30%	机整、机覆、机耕、机肥和部分植保	打顶和手采
西北内陆	兵团 80.6%	机整、机播、机覆、滴灌、植保和机采	打顶和手采
	地方 70.1%	机整、机播、机覆和植保	打顶和手采

数据来源：中国棉花景气报告，2012 年

棉花采收机械化程度低是制约我国棉花生产的关键因素。

1. 农艺与农机融合

一方面现有采棉机主要以迪尔和凯斯采棉机为主，均是对行采摘，而我国棉花种植模式各异，行距从 30cm 至 70cm 不等，无法满足采棉机对行采摘的要求。同时，部分棉区采用“矮、密、早”的栽培模式，致使机采棉喷雾机只能将脱叶剂喷施在上部叶片上，而下部叶片不能有效地得到喷施，整体脱叶效果不好，造成机采棉含杂率较高。

2. 缺乏适合机采棉花品种

由于机采对棉花品种性状有较高的要求，如株型要紧凑，果枝始节高度大于或等于 20cm，果枝长度适中，棉铃分布均匀，结铃性强，纤维品质好，吐絮集中，成熟早等，而且对脱叶剂要敏感，兼顾这些性状在选育过程中有一定的难度。

3. 缺少成熟的国产脱叶剂

脱叶催熟技术是实现一次性机械采摘和减少机采棉含杂、提高作业效率的重要措施。目前试验中采用的进口脱叶剂，价格过高，棉农无力承受，亟需质优价廉的国产脱叶剂，要加快国产产品的试验研究。

4. 缺乏适应不同流域棉花采收的机器及与之相配套的打膜、开膜及清花等设备

现有采棉机主导机型为水平摘锭式，要求棉花行距为76cm、81cm、86cm、91cm、97cm、102cm 等行距为采收行距，采棉机采收行距的局限性要求栽培农艺要与相配套。缺乏适应不同种植模式、不同流域棉花采收的采棉机。实施机采棉的主要机械——采棉机主要靠进口，价格昂贵。国内仅有贵航集团的产品能够投入使用，但是其生产能力不能满足生产需求。国家仅对采棉机的购置给予一定程度补贴，但仍然无法满足发展机采棉巨大的资金需求。目前使用的田间运输车主要是自主研发和制造的，还有一些籽棉抓斗，结构简单、成本低廉、使用方便，在实际作业过程中都起到了很好的效果。随着采收面积的不断增加，棉花的贮运成为关键，急需研制出与采棉机配套的棉花打模、开模及清花设备。

5. 在机采棉的收购和加工方面缺乏机采棉的国家标准

这造成质量和等级的评定存在很大随意性，直接影响未来机采棉的推广应用。

6. 加工生产线不配套

传统棉花加工工艺落后，不重视清杂和烘干环节，不能满足机采棉的加工要求，同时新建或升级改造一条配套的机采棉清花

加工设备生产线的投入太大，使棉花加工企业没有升级改造的积极性；同时国家控制棉花加工企业的数量和布局，政府相关管理部门对新上的机采棉清花设备生产线的审批没有倾斜政策，建机采棉加工厂遭遇政策瓶颈，审批困难。

（三）缺乏信息化、智能化的核心技术

一是信息化技术的实用性、针对性、成熟性、技术配套等需要加强。目前缺乏适应信息化的田间体系标准，信息化的准确稳定性不足，缺少降低田间作业强度的成熟引领技术。二是信息技术的软硬件条件薄弱，信息化监测手段落后、信息化数据传输滞后。三是缺少信息化技术应用的相关政策支持。四是对信息化技术的认识不足。

四、实现快乐植棉所面临的有利环境

（一）国家高度重视棉花生产机械化发展

进入“十二五”，国家高度重视农业机械化发展，并对棉花机械化发展提出明确目标，棉花生产机械化发展正面临前所未有的机遇，将迎来加速发展的10年。《全国农业机械化科技发展“十二五”规划》中提到“重点研究适宜机采收的棉花精量播种技术与机械、打顶机械、低成本棉花收获技术、中小型收获机械、场上预清理加工配套装备”。农业部提出，到2020年，主要农作物耕种收综合机械化水平超过65%，棉花机械化水平进一步提高，全国棉花机收水平由2%提高到20%以上。2010年，国发〔2010〕22号《关于促进农业机械化和农机工业又好又快发展的意见》进一步指明了棉花机械化发展的方向，提出“在新疆棉区大幅提高棉花机收水平”的发展重点。

（二）政策支持和资金补贴力度不断加大

中央和各地不断加大对棉花机械化发展的政策支持和补贴力度。2008 年，中央将棉花收获机纳入补贴目录，国产的贵航牌采棉机被纳入《2008 年农业机械购置补贴项目实施方案》，政策规定每购置 1 台享受国家财政补贴 20 万元。除中央出台相关政策扶持和资金补贴外，走在全国棉花生产机械化前列的新疆生产建设兵团出台相关政策规定，每完成 1 万亩机采面积的单位可享受 100 万元的政策补贴用于固定资产购置，随后又相继出台了每购置 1 台采棉机，补贴 20 万～ 30 万元的优惠政策。

（三）法律法规和公共服务体系基本形成

农业机械化发展支持体系基本形成，农机法律法规体系不断完善，相继颁布《农业机械化促进法》《农业机械安全监督管理条例》《农业机械推广鉴定实施办法》《农业机械产品修理、更换、退货责任规定》等相关规章制度，涵盖了农业机械化试验鉴定、质量监督、技术推广、教育培训、安全监理、农机维修整个产业链的各个领域。此外，从中央到地方的多层次农机技术推广体系逐步形成，基层农业技术推广体系改革稳步推进，各种形式的农机服务组织不断涌现，农机公共服务能力不断提升。

五、进一步加快实现快乐植棉的措施建议

（一）加大政策支持力度

国家应采取对农机企业直补的方式，增加农业机械的市场供

给，完善农机购置补贴政策和补贴办法，逐步扩大补贴范围，提高棉花采收机械及相应辅助机械的补贴额度，将采棉机补贴提高到每台 40 万元以上，或者以 30% 足额补贴。同时，扩大补贴机具种类范围，将高地隙拖拉机和高栏运棉拖车等农机具和与机采棉机采后相配套的打模机、运模机、开模机及异性纤维清理机等机械纳入补贴范围。

（二）加大项目支持力度，加快机械装备开发

加强在研科技项目的组织管理，继续争取在国家“948”和“863”等重大科技支撑计划中设立专项，加大科研经费投入，建立以国家投资为主、市场多渠道为辅的长期稳定的农机科研、开发、试验和推广的投资体制，加强重点科研基地建设，加快棉花生产机械的研发和科技成果转化，促进国外先进技术和产品的引进与自主研发相结合，研发具有自主知识产权的智能化农业机械装备，打破国外的技术封锁；对于棉花全程机械化新产品（如打顶机、采棉机械、脱叶剂喷洒机具、加工设备等），在研制经费上给予重点倾斜，研制低成本、高可靠性的采棉头，开发高效、低耗和适合我国国情的系列棉花采收机械，加大促进智能农业机械科技成果向现实生产力转化，提升农业生产的科技含量，促进农业与先进科技的深度融合。

（三）推广机采棉的标准化种植模式和管理模式

综合考虑全国各流域棉区的自然地理条件、经济发展水平和种植模式习惯的差异，积极引进、培育适合机械化采收的棉花新品种；加强与机采棉配套品种的农艺栽培技术研究，探索适合不同棉区机械采收种植模式和管理模式，完善与机采棉相关的综合配套技术；循序渐进地提高棉花生产机械化水平。

（四）强化农机技术培训，建设农机化专业人才队伍

以强化技术培训，提高人员素质为抓手，切实抓好农机行政执法队伍建设、农机科技人员及专家队伍建设、农机经营管理队伍建设、农机技工队伍建设。积极推进专业人才培养，深入开展多种形式的技术培训和科普宣传，抓好农机从业人员的职业技能鉴定工作，促进全市农机化服务队伍素质整体提升。

（五）加强技术示范推广工作，建立稳定的棉花生产基地

建立与我国棉花生产机械化相适应的管理人才队伍，组建作业服务队和合作社，为棉农开展机械化服务，充分发挥试验示范基地的带动作用。推广大规模的连片种植模式，发挥区域优势，实现棉花生产规模经营，建立我国稳定的优质棉生产基地。逐步形成小农场、大户承包、连片生产社会化管理，按土地规模分工等生产模式，只有通过各种形式解决棉花生产“五化四字”，才能稳定我国棉花生产规模；否则棉花产业将继续萎缩，失去我国棉花生产在世界棉花生产中的风采。

韩天富

韩天富，男，中共党员，1963 年 4 月生，甘肃省民勤县人，国家大豆产业技术体系首席科学家。1984 年毕业于甘肃农业大学，1988 年、1994 年分别获得东北农业大学硕士、博士学位，1995—1997 年在南京农业大学从事博士后研究，1997 年 5 月至今在中国农业科学院工作。曾在香港中文大学进行合作研究，在美国宾夕法尼亚州立大学做高级访问学者。现任中国农业科学院作物科学研究所研究员，兼任世界大豆研究大会持续委员会委员、中国作物学会理事、中国作物学会大豆专业委员会秘书长等职。

长期从事大豆发育生物学、分子育种和常规育种研究，在大豆开花后光周期反应、开花逆转、光周期反应实验系统的建立、光周期反应相关基因的表达、转基因育种、突变体库构建、品种改良等领域取得阶段性成果。发表论文 180 余篇，其中在 *Molecular Plant*、*New Phytlogist*、*Plant Physiology*、*Journal of ExPErimental Botany* 等 SCI 发表论文 49 篇，主编、参编专著 20 余部，主笔编写国家和行业标准 3 项，申报专利 3 项。先后主持科研课题 20 余项。主持选育大豆新品种 22 个，培养博士后、博士研究生和硕士研究生 30 余名。

大豆品种性状演化趋势分析

韩天富

一、大豆起源与驯化

中国自古就栽培大豆，商朝甲骨文中有菽的象形文字。我国最古老的、记述史前文化的、著于公元前 6 世纪的《诗经》，便记载有“蓺之荏菽、荏菽旆旆”。由此推断我国大豆种植历史约在 5 000 年。世界其他国家的大豆，都是直接或间接从中国传播去的。公元前 3 世纪大豆由中国传入朝鲜，6 世纪传至日本。约在 300 年前，大豆传入菲律宾、印度尼西亚。欧美认识大豆则在 18 世纪以后。

大豆起源于中国，是五谷（稻、黍、稷、麦、菽）之一。栽培大豆是从野生大豆经过人工栽培驯化和选择而成，野生大豆主要分布在东亚，包括中国、日本、朝鲜半岛、俄罗斯远东地区野生大豆分布在东亚，野生大豆起源于低纬地区。野生大豆是适应自然变异和自然选择的产物，栽培大豆是由野生大豆适应长期栽培环境不断定向积累细小变异而进化的结果。栽培大豆是由野生大豆经人工选择，适应长期栽培环境不断定向积累细小变异而进化的结果。

野生大豆和栽培大豆在植株形态、生理特征、籽粒品质等方面均有明显差异。籽粒较大、无泥膜、非黑种皮、主茎明显等特点，是大豆进化研究中十分重要的一种类型。栽培大豆茎秆直立，生殖生长期长，百粒重高，不炸荚，种子易萌发，含油率高，在人工种植条件下高产。野生大豆植株缠绕，易炸荚，百粒重低，籽粒蛋白质含量高。野生大豆种皮呈现蜂巢状或网状结构，而栽培大豆种皮光滑，短光照性减弱。生育期的构成因进化而有明显差异，营养生长期随着进化而缩短，开花到鼓粒始期和开花到成熟始期因进化而延长。不同进化类型的大豆对温度的反应也不同。与栽培大豆相比，野生大豆开花需要较低的温度，较弱的光照强度和较高的湿度。

大豆是由古四倍体进化而来，经历了两次基因组加倍，75%基因为多拷贝。大豆祖先种在大约 5 500 万年前经历了一次全基因组复制，大约 1 300 万年前经历了大豆特异基因组复制，500万～ 800 万年前进行了异源多倍体化。大豆在进化过程中丢失了快速进化及重复区间内的 SNP 信息。野生大豆遗传多样性比地方品种高出 26. 9%，特有 SNP 是栽培大豆的 3 倍，野生大豆基因组存在 11 个特有类别，可能是其抵御恶劣生存环境的内在原因之一。栽培大豆在驯化和改良过程中，遗传多样性降低，丢失部分抗病和抗逆基因，被选择的位点集中在经济性状相关区域，在强烈的人工选择下，栽培大豆部分类别（domain）拷贝数增加。香港中文大学、中国农业科学院作物科学研究所、中国科学院遗传与发育生物学研究所等单位都对部分野生大豆和栽培大豆进行了全基因组测序分析，以进一步了解野生大豆和栽培大豆的基因组差异和大豆在进化过程中的基因组变化。目前利用野生大豆与栽培大豆杂交，先后克隆了控制结荚习性基因 *Dt*1 和 *Dt*2，种皮硬实度基因 *Gmhs*1-1，裂荚性基因 *Pdh*1， 种皮泥膜基因 *B*1， 种子大小 *WRKY* 等。大豆开花调控途径研究取得重大进展，品种熟期多样性形成的原因基本厘清。

二、大豆品种性状演变趋势分析

（一）中国大豆品种性状演变趋势分析

中国大豆的育种历史有100多年，1910年前，南洋劝业会收集大豆品种400余种。1910年，李煜瀛《大豆》刊行，记载大豆品种142种。1912年，山东省农事试验场开始收集大豆地方品种。1913年，公主岭农事试验场开始大豆系统育种研究。1923年，公主岭农事场以‘四粒黄’为材料，经系统选种方法育成品种‘黄宝珠’。同年，王绶教授在南京开始大豆育种。1927年，公主岭农事试验场开始大豆杂交品种。1935年，公主岭农事试验场杂交育成大豆品种‘满仓金’等。2003年，‘杂交豆1号’在吉林省通过品种审定委员会审定。1913—2017年，中国累计育成大豆品种近2 500个。这些品种只有10%左右成为大面积种植品种，得到了大面积推广和种植，分析这些品种性状的演变趋势对于育种具有重要意义。

2009年选取了东北地区和黄淮海地区大面积推广的89个大豆品种，分别在黑龙江北部的黑河市、扎兰屯、九三垦区，黑龙江中南部的海伦市、佳木斯市和哈尔滨市，吉林—辽宁地区的长春市、吉林市和铁岭市以及黄淮海地区的北京市昌平区、济南市和许昌市，进行了3年的田间试验，分析农艺性状、品质性状和光温反应性状的演变趋势。结果发现，东北和黄淮海地区大面积种植品种农艺性状演变的整体趋势是：随育成年代的推进，大豆品种的生育前期缩短、后期延长，株高降低，有效分枝数减少，抗倒伏能力显著增强，主茎节间缩短，产量显著升高。其中，黑龙江北部品种产量的提高主要依靠单株荚数和粒数增加；黑龙江中南部品种主要依靠荚粒数增多，荚数和百粒重变化不大；吉林—辽宁地区品种主要依靠百粒重的提高，单株荚数和粒数变化很小；黄淮海地区品种依靠百粒重的提高，而单株荚数和粒数随年代推进显著减少。在 4 个地区中，吉林—辽宁地区大面积种植品种的性状变化最小。

东北和黄淮海地区大面积种植品种品质性状演变的整体趋势是：供试品种粗蛋白和总异黄酮含量从北到南递增，东北地区品种的粗脂肪、总维生素 E、总类胡萝卜素含量明显高于黄淮海地区品种。黑龙江北部品种亚油酸、亚麻酸、粗淀粉、低聚糖、总异黄酮和凝集素的含量随品种育成年代推进显著增加；黑龙江中南部品种亚油酸、棕榈酸和总异黄酮的含量随品种育成年代推进显著增加；吉林—辽宁地区品种粗淀粉含量随品种育成年代推进显著升高；黄淮海地区品种的油酸、硬脂酸和凝集素的含量随品种育成年代推进显著增加。其他品质性状变化较小。

东北和黄淮海地区大面积种植品种光温反应性状演变的整体趋势是，黑龙江北部和黄淮海地区品种在春播和夏播条件下的 PS（光周期敏感度）随育成年度推进显著下降，黑龙江中南部品种在夏播条件下的 PS 显著降低；黑龙江中南部和黄淮海地区品种在短日条件下的 TS（温度敏感度）显著下降，而在长日照条件下，黄淮海地区品种 TS 显著上升；黄淮海地区品种 ΔPS（不同温度下的光周期敏感度）、ΔTS（不同光照下的温度敏感度）和 PTCS（光温综合敏感度）显著下降。上述地区大面积种植品种的 PS、TS 及 PTCS 表现出随纬度降低逐渐增大的趋势，而

ΔPS 和 ΔTS 则随着纬度的降低逐渐减小。

对不同年代品种抗病性演变趋势分析发现，不同年代抗病性变化趋势不明显。黄淮地区 25 个主栽品种对疫霉根腐病的抗性共产生 18 种反应类型，抗性丰富度高于其他 3 个区域。

利用嫁接试验分析品种根部性状演变，发现嫁接复合体地上部生物量随砧木品种育成年代推后呈下降趋势，株高随砧木品种育成年代推后呈下降趋势，主茎节数随砧木品种育成年代推后呈下降趋势。以黑龙江北部和黄淮海地区品种为砧木的嫁接体的主根长度随育成年代推后呈下降趋势，黑龙江中南部品种呈上升趋势。以黑龙江品种为砧木的嫁接复合体的侧根数随砧木品种育成年代推后呈下降趋势，黄淮海地区品种呈上升趋势。以黑龙江品种为砧木的嫁接复合体的根部干物重随砧木品种育成年代推后呈下降趋势，黄淮海品种呈上升趋势。

新品种根系整体功能有所下降，且变化趋势显著。主根长度、侧根数据有下降趋势，但不显著。黑龙江大豆新品种根系干重呈下降趋势，黄淮海地区相反。大豆根系的寿命由地上部决定。

（二）国外大豆品种性状演变趋势

在现代大豆育种过程中，美国北部的大豆品种产量增加，株高下降，抗倒性增强。美国中南部大豆品种的产量提高。20 世纪 50—80 年代，蛋白含量和株高下降，油分含量升高，20 世纪 80 年代之后，蛋白含量和株高上升，油分含量下降。

加拿大大豆品种的产量提高，蛋白和蛋脂总和下降，油分含量提高，株高下降，抗倒性和抗病性增强。收获指数、光合速率和碳利用率上升，叶面积指数下降，生育期和生物产量稳定。对 1934—1992 年育成大豆品种农艺性状的分析表明，加拿大品种的收获指数、光合速率和碳利用效率上升，叶面积指数下降，生育期和干物重稳定。加拿大和美国北部 1939—1999 年育成的大豆年产量增幅为 21.6 ～ 30.6kg/hm^2。MGIII 的品种增幅最大。品种株高下降，抗倒性增强。

对 1969—1993 年育成品种的性状分析表明，印度大豆品种的产量提高，每荚粒数下降，株高下降，抗倒性提高，开花期和成熟期提前。

三、中国大豆主栽品种的系谱分析

系谱分析结果显示东北地区大面积品种的祖先亲本主要来自‘四粒黄’‘金元’‘白眉’‘克山四粒荚’‘铁荚四粒黄’和‘嘟噜豆’等，吉林‘四粒黄’‘金元’和白眉衍生的主栽品种数最多；黄淮大面积品种的祖先亲本主要来自‘益都平顶黄’‘即墨油豆’‘齐黄 1 号’‘铁角黄’‘滨海大白花’和‘铜山天鹅蛋’，‘即墨油豆’‘齐黄 1 号’和‘益都平顶黄’衍生的主栽品种最多。从国外引进的种质中，‘十胜长叶’‘Mamotan’‘Amsoy’和‘野起 1 号’衍生的主栽品种最多。东北地区 79 个大面积品种来自 82 个祖先亲本，平均每个品种拥有 1.04 个祖先亲本，黄淮地区 34 个大面积品种来自 49 个祖先亲本，平均每个品种拥有 1.44 个祖先亲本，东北大面积品种的祖先亲本相对更加集中，黄淮地区的大面积品种的遗传基础比东北地区更丰富。两个地区大面积品种占有的祖先亲本数都比同时期的育成品种高，遗传基础丰富。

大面积推广品种由于遗传基础丰富、综合性状好、适应性广，容易被育种家作为“平台品种”配制杂交组合，培育出的新品种更容易被农民接受，在生产上推广速度较快，更有希望成为新的大品种。大面积品种的系谱分析结果证实有许多新的大品种就是在原有的大品种基础上逐步改良得到的。以大面积种植品种作为“平台亲本”培育的新品种更容易在生产上种植应用，更有希望成为新的大面积种植品种。主栽品种进一步被用作亲本培育出更多的主栽品种。

系谱分析结果表明，大面积种植品种比普通品种拥有更多的祖先亲本，遗传基础更丰富；新近育成的品种比早期品种拥有更多的祖先亲本，遗传基础更丰富；黄淮海流域品种比东北地区品种拥有更多的祖先亲本，遗传基础更丰富。

四、中国大豆主栽品种的遗传结构解析

通过重测序、进化树分析发现，大豆主栽品种可明显分为东北地区（NE）和黄淮海—南方（HS）两大亚群，HS 亚群较 NE 亚群遗传多样性高。黄淮海—南方（HS）品种的全基因组变异数比东北（NE）多，说明东北材料遗传基础比黄淮海—南方狭窄。在 16 个农艺性状中，生殖生长期相关 QTL 和生育期相关的 QTL 与选择性区域重合较多。64 个与生殖生长期长度相关 QTL 和 10 个成熟期相关的 QTL 与选择性区域重合，说明生育期性状在品种演化中是受选择的重点性状，导致遗传多样性降低。黄淮海—南方地区主栽品种与东北主栽品种的选择型清除区域明显不同，说明两个地区的生育期性状选择方向不一致。主栽品种是自然选择、人工选择、市场选择的历史产物，是多种优异性状和优良基

因的集合体，是常规育种和分子育种结合的理想平台。14 个品种覆盖所有品种 95% 的全基因组变异，成为大豆分子育种的平台品种。

五、基于优异主栽品种的分子育种策略

通过对中国不同年代育成的主栽品种的表型鉴定和分子鉴定，通过遗传结构分析和遗传多态性分析，结合关联分析和系谱分析，了解性状演变趋势、确定瓶颈性状靶点序列，挖掘优异等位变异及其载体品种，遴选优异骨干亲本，确定杂交组合亲本选配，构建基于优异主栽品种的大豆分子育种平台。进一步通过分子标记辅助选择、转基因、基因编辑等育种技术，结合常规育种方法，实现优良多基因聚合，不断选育广适应大豆新品种。

目前已发展出基于优异主栽品种的分子标记辅助育种策略，通过对目标性状的基因型分析，进行品系鉴定和目标 QTL 确认；建立了基于优异主栽品种的生物技术育种策略，构建了根癌农杆菌介导的遗传转化系统，摸索出了一套易转化品种；通过开花期和成熟期的基因调控，实现了大豆关键性状的定向改良，建立了大豆发育调控的跷跷板模型；通过主栽品种开花期基因的遗传调控创造出生育期不同的系列材料，过表达 *GmFT2a* 创造了早熟程度不同的转化系，*GmFT2a* 基因编辑创造大豆晚花突变体；通过分子手段调节生育期促进型的长童期基因 *J* 和生育期抑制型的 *E*1、*E*2 等，实现了主栽品种生育期的精细调控。

王克剑

王克剑，研究员，博士生导师，1983 年 12 月生，江苏盐城人。中国农业科学院水稻染色体工程及基因组编辑创新团队，首席科学家；中国水稻研究所基因资源挖掘与利用研究室，课题组长。

2004 年毕业于扬州大学，获农学学士学位；2009 年毕业于中国科学院遗传与发育生物学研究所，获理学博士学位并留所工作，先后任助理研究员、副研究员；主要围绕水稻减数分裂和花发育分子机制开展基础研究。2013 年 8 月至中国水稻研究所任课题组长，主要围绕基因组编辑和遗传重组开展应用基础研究。自独立开展工作以来，以通讯作者在 *Molecular Plant, Plant Biotechnology Journal* 等期刊上发表论文 10 余篇；现任中国细胞生物学学会染色质生物学分会委员、中国遗传学会基因组编辑分会委员、*BMC Plant Biology*、生物技术通报（英文版）等期刊编委。

CRISPR-Cas 系统在植物基因组编辑中的研究进展

王克剑

随着测序技术的进步和测序成本的降低，越来越多物种的全基因组已经被测序，如何解析基因功能并利用这些研究结果改造生物体已成为下一步的研究目标。基因组编辑技术是实现以上目标的重要研究手段，它突破了之前特定突变体生物材料获得困难的限制，并尽可能小地降低了对受体基因组背景的影响，对生物领域的发展与应用有着重要意义。

锌指核酸酶 (Zinc-finger nucleases，ZFNs) 和类转录激活因子效应物核酸酶 (Transcription activator-like effector nucleases，TALENs) 最先被应用于基因组定点编辑。这两个核酸酶由识别特异 DNA 序列的蛋白与非特异性的核酸内切酶融合组成，可以发挥基因组定点切割的功能。但由于这两项技术 DNA 结合结构域的改造组装复杂且成本高，不利于广泛推广应用。最近，科学家们发现了一种新的 CRISPR-Cas (Clustered regularly interspaced short palindromic rePEats and CRISPR-associated proteins) 基因组编辑技术，该技术通过一段向导 RNA 和配套的核酸酶对特定的基因组序列进行定点编辑，具有简单高效的优点，在短短几年时间内，已被广泛地用于基础科学研究、人类基因治疗与作物遗传育种等领域。

本文结合部分在动物及人类中的研究结果，主要介绍在植物中最常用的 CRISPR-Cas9 系统的研究和应用，CRISPR-Cas 各种改造和升级版本在植物基因功能研究上的拓展应用，以及基因组编辑技术在作物育种上的应用成果，为开展这一领域的研究工作提供参考。

一、CRISPR-Cas9 系统的研究历史及在植物中的应用

日本科学家最早在细菌中发现一段由长度为 29bp 的重复片段 (RePEats) 和 32 ～ 33bp(Spacers) 的非重复片段间隔相连的重复序列。后来，科学家们发现这种重复序列广泛存在于细菌和古细菌基因组中，并将其命名为规律成簇间隔短回文重复 (Clustered regularly interspaced short palindromic rePEats，CRISPR)。之后的研究表明，CRISPR 位点表达与入侵病毒基因组序列相匹配的小分子 RNA，通过互补序列结合病毒基因组，引导相关核酸酶复合体切割病毒 DNA，阻止病毒入侵，为原核生物提供了对抗噬菌体等外源基因的获得性免疫能力。

2012 年，Jinek 等发现 II 型 CRISPR 系统组成较为简单，只需依赖 1 个 Cas9 核酸酶及 2 个 RNA (crRNA，tracrRNA) 就可以切割目的双链 DNA，并发现把 tracrRNA 和 crRNA 人工改造整合为一个 RNA 转录本时，也能引导 Cas9 蛋白识别靶序列并引起 DNA 序列双链断裂 (Double-strand breaks，DSBs)，为此后 RNA 介导的基因编辑奠定了基础。随后，基于 II 型 CRISPR-Cas9 系统，Church 实验室在多种人类细胞系中，张峰实验室在人类及小鼠细胞中，成功获得了预期的非同源末端连接 (Non-homologous end joining，NHEJ) 或同源重组介导的修复 (Homology-directed repair，HDR) 方式产生的基因定点突变。CRISPR-Cas9 基因组定点编辑技术的开发，使多个基因的敲除及敲入变得更为简单高效，很快形成了研究热潮。

经过改造的 CRISPR-Cas9 系统也迅速地被应用到植物基因组编辑研究中。2013 年 8 月 8 日，Nature Biotechnology 同时报道了 3 个不同实验室在重要农作物及模式植物中的研究进展：Shan 等通过基因枪的方式传递 CRISPR-Cas9 系统，在水稻和小麦中进行了定点修饰；Li 等报道了在拟南芥、烟草等物种中成功应用 CRISPR-Cas9 进行基因修饰；Nekrasov 等利用 CRISPR-Cas9 系统在模式植物本生烟中实现了基因组的定点突变。此外，Feng 等报道在模式植物拟南芥和水稻中利用 CRISPR-Cas9 系统实现了定点突变；Miao 等通过密码子优化 Cas9 蛋白在水稻中高效获得了叶绿素合成基因 *CAO*1 和分蘖夹角控制基因 *LAZY*1 突变的植株。

随后，多个实验室对 CRISPR-Cas9 系统在植物中的应用进行了进一步完善。Ma 等采用 Gibson 或 Golden Gate Cloning 方法将多个 gRNA 及 Cas9 序列组装至一个双元载体，构建了适用于单子叶和双子叶植物的多重基因组编辑 CRISPR-Cas9 载体系统。Xie 等将 tRNA 和 gRNA 嵌合在一起，利用 tRNA 的切割在植物体内游离出多个 gRNA，开发了一套从一个多顺反子基因生成大量 gRNA 的通用策略，在水稻中完成了多基因的同时编辑。本课题组基于同尾酶的特性，设计了一套只包含两个质粒的 gRNA 拼接系统，通过传统的酶切连接方式，实现多个 gRNA 元件的快速组装，该系统理论上可以实现无限个 gRNA 的组装，具有简单、稳定的优点；在此基础上，我们构建了一个双元载体，对

8 个水稻农艺性状相关基因同时进行了编辑，T0 代就获得了 8 个基因同时敲除的突变体。

转化拟南芥通常采用农杆菌介导的沾花法，胚囊是转基因插入的主要目标，而普遍采用的 CaMV 35S 启动子在生殖细胞中活性极低，因此，由于转化方式的不同，用 CaMV 35S 驱动的 Cas9 在拟南芥基因组的编辑效率明显低于水稻，并且绝大多数 T1 植株只是体细胞突变，并不能遗传到 T2 代。Yan 等利用在胚、胚囊、胚乳以及花粉中有很高表达量的 YAO 启动子，Wang 等利用卵细胞特异的 EC1.2 启动子，Mao 等利用配子体时期表达的 SPL 启动子来驱动 Cas9 在胚时期特异表达，大大提高了拟南芥在 T1 代的基因突变频率，有效解决了 CRISPR-Cas9 在拟南芥的转基因 T1 代株系基因突变频率低、诱导得到的主要是嵌合体的难题。

到目前为止，包括拟南芥、烟草、水稻、玉米、小麦等模式植物及一些作物在内，均已报道成功获得了较高的突变率及可稳定遗传的基因组编辑植株。

二、改造开发 CRISPR-Cas 系统扩大基因组编辑范围的研究

（一）Cas9 变体

除了需要 gRNA 对目标序列进行 20bp 左右的特异匹配，CRISPR-Cas9 系统在基因组上的精准切割还需要识别一段靶 *DNA* 附近、称作前间区序列邻近基序 (Protospacer adjacent motif，PAM) 的特异核苷酸序列。最常用的 Cas9 来自产脓链球菌 Streptococcus pyogenes，被称为 SpCas9。SpCas9 能够识别的 PAM 序列主要为 NGG，这限制了 CRISPR-Cas9 系统在基因组上

的可编辑范围。为突破这个限制，Kleinstiver 等建立了一个工程系统，使能够快速地演化 SpCas9 识别不同 PAM 序列的能力。通过收集随机突变的 SpCas9 变体，筛选到了使 SpCas9 能够识别新 PAM 序列的突变组合。

根据细菌中的研究结果，本课题组在水稻中，通过定点突变的方法对 SpCas9 蛋白进行改造，获得两种 SpCas9 变体 (VQR 和 VRER)。通过一系列的转基因实验证明，VQR 和 VRER 这两种变体在水稻中分别可以识别 NGA 及 NGCG 两个 PAM 序列。生物信息学分析表明 Cas9 变体的创制将使 CRISPR-Cas9 系统在水稻中可编辑范围拓展到现有的 2 倍以上。此外，两种变体也可以同时对多基因进行有效的编辑，表明其与野生型 Cas9 一样具备巨大的应用潜力，为在水稻中进行更广泛的基因组编辑提供了新的可选工具。

（二）CRISPR-Cpf1 系统

Zetsche 等通过生物信息学手段发现了新的 V 型 CRISPR 基因编辑系统 CRISPR-Cpf1 (CRISPR from Prevotella and Francisell a 1)。与 CRISPR-Cas9 系统相比，CRISPR-Cpf1 具有以下优点。

第一，Cpf1 是一个比 Cas9 更小、更简单的核酸内切酶，仅通过一段较短的 crRNA 识别目的 DNA 底物，更易于操作。

第二，CRISPR-Cpf1 识别的 PAM 序列是连续的 2 个或 3 个胸腺嘧啶 (T)，这将大大扩展基因组编辑范围。

第三，CRISPR-Cpf1 剪切目的 DNA 造成的是黏性末端，预计有助于目标序列的精确插入和同源重组替换，能够更有效及精确地整合一段 DNA。

第四，Cpf1 不仅切割 DNA，而且也切割 RNA，表现出双重切割活性，利于多基因敲除的载体构建。

在植物中，科学家同样检测了 CRISPR-Cpf1 的基因编辑功能。本课题组对两种 Cpf1，即来源于毛螺科菌 ND2006 Lachnospiraceae bacterium ND2006 的 Cpf1(LbCpf1) 和氨基酸球菌属 BV3L6 Acidaminococcus sp.BV3L6 的 Cpf1 (AsCpf1) 进行了密码子优化，同时配套以适于 Cpf1 作用的 crRNA 表达系统，构建载体对水稻基因组中的多个位点进行靶向切割。实验结果显示 LbCpf1 能够完成对水稻基因组的有效编辑，但未检测到 AsCpf1 的基因编辑能力。Xu 等和 Tang 等同样报道了 LbCpf1 在水稻中的基因编辑能力。Endo 等报道在水稻和烟草用弗朗西斯菌 U112 Francisella novicida U112 Cpf1 (FnCpf1) 进行了基因敲除。Kim 等将 LbCpf1 或 AsCpf1 和 crRNA 在体外组装完成后导入大豆和烟草的原生质体中，成功对目标基因进行了编辑。最近，Wang 等发现 FnCpf1 和 LbCpf1 只需一条非常短的 20 ～ 21bp 的直接重复序列 (Direct rePEats，DR) 加上 22 ～ 24bp 的靶位点识别序列 (Guide) 即可实现单基因敲除；把多个 DR-guide 单元直接串联，只需要一个启动子驱动即可简单高效地实现多基因敲除。该系统在载体构建上比 CRISPR-Cas9 系统更加简单易行。短期内大量的研究结果表明，CRISPR-Cpf1 在植物基因组编辑上具有广阔的应用前景。

（三）其他 CRISPR-Cas9 系统

除了 SpCas9，还有一些不同来源的 CRISPR-Cas 系统，也具有基因编辑能力。通过比较基因组，科学家们在 600 个 Cas9 同源序列中找到了一个较小的 Cas9 蛋白——一种来自金黄色葡萄球菌 Staphylococcus aureus 的 Cas9 核酸酶 (SaCas9)，它比

SpCas9 小 25%，且和 SpCas9 具有相当的 DNA 靶向精确度。SaCas9 与其配套的 gRNA 识别的 PAM 序列为 NNGRRT。此外，还有一个来自嗜热乳链球菌 Streptococcus thermophilus 的 Cas9 (St1Cas9)，识别的 PAM 序列为 NNAGAA。这些 SpCas9 同源蛋白的发现，为基因编辑及调控提供了更多选择，同时也扩大了基因组编辑范围。Steinert 等报道经密码子优化的 SaCas9 和 St1Cas9 在拟南芥中具有较高的基因编辑效率。

三、 Cas9 切口酶和失活酶的拓展应用

Cas9 蛋白有 RuvC 和 HNH 两个核酸切割结构域，将这两个结构域中的任一关键残基转换成丙氨酸 (D10A 或 H840A)，就获得只对 DNA 单链进行切割的切口酶 nickase Cas9(nCas9)；将这两个催化活性位点都突变，就可得到仍能与 sgRNA 结合识别特异靶位点但不会对目标序列进行切割的失活 Cas9 蛋白 dead Cas9 (dCas9)。

Ran 等在人类细胞中，运用 2 条相近的 gRNA 引导一对 nCas9 分别在 DNA 两条链上形成缺口，造成 DNA 双链断裂从而产生突变，大大降低了单个 Cas9 造成的脱靶率。Chen 等将绿色荧光蛋白 (GFP) 与 dCas9 融合，利用 CRISPR-Cas9 系统的基因定位功能来研究基因组特定区段的染色体结构。dCas9 通过融合具有转录调控功能的转录激活因子或转录抑制因子，可以作为调控基因表达水平的控制元件，形成研究基因表达调控的有效工具，在植物中同样有效。此外，还可以融合诸如乙酰化酶、甲基化酶等功能元件，开发出许多基因调控及修饰的工具。

四、特异性单碱基突变编辑系统的研究

核苷酸点突变是作物许多重要农艺性状发生变异的遗传基础。很多时候科学家希望通过引入单碱基突变造成氨基酸的变化达到基因功能的增强或减弱，而不是单纯地敲除基因功能。由于目前定向同源修复 (HDR) 的编辑效率低，特异性单碱基突变编辑系统的研究就十分必要。

Komor 等报道，将 nCas9(nCas9-D10A) 融合大鼠胞嘧啶脱氨酶 (rAPOBEC1) 和尿嘧啶糖基化酶抑制剂 (UGI)，构成了高效的单碱基编辑系统 BE3［APOBEC-XTEN-nCas9 (D10A)-UGI］。在人细胞系和小鼠细胞系中，利用该系统将碱基胞嘧啶 (C) 转化为碱基尿嘧啶 (U)，随后在一轮 DNA 复制中，这种尿嘧啶 (U) 被转化为胸腺嘧啶 (T)，最终实现 PAM 窗口前 –11bp 至 –17bp 靶序列内 C 至 T 的替换。此外，Nishida 等报道，通过将 nCas9-D10A 与七鳃鳗 (Sea lamprey) 的胞苷脱氨酶 (Activation-induced cytidine deaminase，AID) 融合表达，也同样实现 PAM 窗口前 –19bp 至 –16bp 靶序列内 C 至 T 的替换。Kim 等通过融合 Cas9 变体或 SaCas9，增加了 CRISPR 基因靶向的范围，而且将编辑框从 5 个核苷酸缩小到 1 ～ 2 个核苷酸，增加了碱基编辑的精确度。

借鉴哺乳动物单碱基编辑方法，Li 和 Lu 率先报道在水稻中利用 BE3 系统成功实现了单碱基编辑。同样利用该系统，Ren 等在水稻中，Chen 等在拟南芥中，Zong 等在三大重要农作物 (小麦、水稻和玉米) 基因组中都实现了高效、精确的单碱基定点突变。Shimatani 等则利用 AID 系统在番茄和水稻中实现了单碱基编辑。

单碱基编辑系统的成功建立和应用，为高效和大规模创制单碱基突变体提供了一个可靠方案，为作物遗传改良和新品种培育提供了重要技术支撑。但是该编辑系统不仅受到PAM和编辑窗口的限制，还受到只能由C替换为A的限制，目前还不能做到基因组上任意位点的单碱基精准编辑。

五、无外源 *DNA* 污染的植物基因编辑技术应用

常规植物基因组编辑手段多通过农杆菌或基因枪的方法将CRISPR-Cas9 DNA表达框转入并整合到植物基因组中，进而发挥功能对目的基因进行编辑。尽管通过后代分离方可获得无CRISPR-Cas9 DNA的植物突变体，但依然存在外源DNA污染的风险。Woo等尝试将Cas9蛋白和gRNA在体外组装成核糖核蛋白复合体(RNP)，再通过PEG转化法将RNP转入水稻、生菜、烟草等植物原生质体，成功对目的基因进行了编辑，并且通过原生质体再生，T0代就获得了无任何外源DNA残留的定点编辑成功的生菜植株，为如何避免转基因成分残留提供了新思路。

同样，Liang等利用基因枪法将CRISPR-Cas9 RNP转入小麦细胞中，在两个六倍体小麦品种中分别对两个不同基因 *tagw2* 和 *tagasr7* 进行了定点编辑，成功地在小麦中建立了全程无外源DNA的基因组编辑体系。与此同时，CRISPR-Cas9的RNP可以明显降低脱靶效应。这种DNA-free的基因组编辑方法具有精准、特异、简单易行、成本低廉的优势，并且成功避免了外源DNA片段整合到基因组中的潜在风险。这一利用CRISPR-Cas9 RNP实现小麦基因组编辑的方法有助于最大程度地减少监管，建立精准、生物安

全的新一代育种技术体系，加快作物基因组编辑育种产业化进程。

六、基因组编辑技术在作物育种上的应用

植物基因组编辑技术已经为我们创造了一些之前很难获得的新品种。例如，在异源六倍体小麦中，存在 3 个白粉病感病基因 TaMLO 拷贝，通过传统的育种手段，几乎拿不到这 3 个拷贝同时突变的抗病材料。Wang 等利用基因组编辑技术，首次在六倍体小麦中对 TaMLO 基因的 3 个拷贝同时进行了突变，获得了对白粉病具有广谱抗性的小麦材料，在小麦农业生产上具有重大意义。Zhou 等在水稻中通过 CRISPR-Cas9 系统敲除温敏型雄性不育 (TGMS) 基因，开发了 11 个新的雄性不育品系，仅在一年内就可以应用于两个水稻亚种的杂交育种，不仅显著加快了不育系的培育过程，而且也有利于杂种优势的利用。Shi 等在玉米中利用 CRISPR-Cas9 系统改造乙烯反应的负调控因子 ARGOS8 基因的启动子区域，获得了新的抗旱玉米品种。

宾夕法尼亚大学的杨亦农实验室利用 CRISPR-Cas9 技术，在白蘑菇中将容易引起褐变的多酚氧化酶 (PPO) 的编码基因敲除了 1 个，将该酶活性降低了 30%，从而获得了不易褐变的白蘑菇。美国杜邦先锋公司通过 CRISPR-Cas9 技术敲除控制直链淀粉合成的 *Waxy*1 基因获得了糯玉米新品种。美国农业部于 2016 年 4 月批文，表示无需对基因编辑技术改造的这两例农作物进行监管，意味着得到美国政府上市许可的基因组编辑生物可以直接用于种植和销售，无需额外的监管程序，为基因编辑技术用于农产品的商业生产带来了光明前景。

与此同时，在作物育种上应用基因编辑技术也需要严格的实验。本课题组对水稻产量数量性状基因 (Quantitative trait locus，QTL) 进行定点编辑研究时，发现在不同遗传背景的水稻中进行 QTL 编辑会产生不同的产量变化。该研究结果显示，对特定性状进行编辑时，在不同的遗传背景下可能会得到不一样的结果。

七、结语与展望

基因组编辑技术是继转基因技术之后在生物遗传操作领域的又一革命性技术。短短几年时间的发展，基于 CRISPR-Cas9 系统的基因编辑技术已经在植物基础生物学研究及作物育种上显现出了巨大的应用潜力，解决了许多之前由于无法获得定点突变材料造成的难题，也已经创造了一些优良品种。与转基因品种不同，通过基因组编辑技术得到的品种不引入外源基因，具有与常规诱变品种无异的优点，因此在作物改良的生产应用上更为安全。可以预见，基因组编辑技术在作物育种上具有十分广阔的应用前景。

与此同时，还存在多个急需克服的难题。目前基因组编辑技术主要是产生内源基因功能缺失的突变体，对植物内源基因进行更为精确的修饰，如基因定点替换以及基因的定点插入等，仍然具有极大的挑战性。对基因定点替换及基因的定点插入在植物中也有研究报道：Li 等在水稻中利用非同源末端连接修复方式在水稻中建立了基于 CRISPR-Cas9 技术的基因替换以及基因定点插入体系，对 5- 烯醇丙酮酰莽草酸 -3- 磷酸合成酶基因 (OsEPSPS) 进行了定点替换，获得了抗草甘膦除草剂的水稻；Sun 等通过提供外源 DNA 供体利用同源重组修复对乙酰乳酸合酶基

因 (OsALS) 进行了定点替换，获得了抗嘧啶羧酸类除草剂的水稻；Wang 等利用双生病毒在植物体内的复制扩增 DNA 的能力，结合 CRISPR-Cas9 系统，在水稻中将带有潮霉素抗性的一段序列插入特定的位置。然而，在植物中进行插入或替换的工作仍然受限于获得抗除草剂或其他抗性性状，目前尚无法做到在基因组内任一位点上高效地替换或插入任意序列，这限制了基因组编辑技术在植物基因组学研究和农作物分子设计育种中的应用。我们相信在不久的将来，随着基因组编辑技术的不断发展，这些问题会逐步被解决，将有助于人们更好地了解植物基因的功能并创造新的优良品种。

赵要风

赵要风，教授，中国农业大学博士生导师，农业生物技术国家重点实验室副主任，“863”动物功能基因组领域项目首席科学家，获得2003年度国家技术发明奖二等奖、2007年度国家杰出青年科学基金。主要研究领域为动物分子遗传学。首次在低等脊椎动物中发现具有明确铰链区的抗体新类型并命名为IgF；首次在家养动物中发现IgD及其特殊的表达机制；分别在两栖类，爬行类动物及原始哺乳动物鸭嘴兽中发现IgD基因，为理解IgD在脊椎动物中的进化提供了重要线索。已在*Nature Communications*、*PNAS*等国际著名学术期刊发表SCI论文近30篇。

牛免疫球蛋白重链基因位点和多样性形成机制分析

赵要风

一、研究背景

（1）免疫球蛋白（Immunoglobulin, Ig）是适应性免疫最重要的效应分子之一，其中跨膜型 IgM 又是 B 淋巴细胞发育的关键受体分子。在人和小鼠中，IgM 编码基因的突变会导致 B 细胞的缺失，从而引起严重的免疫缺陷（图 1）。

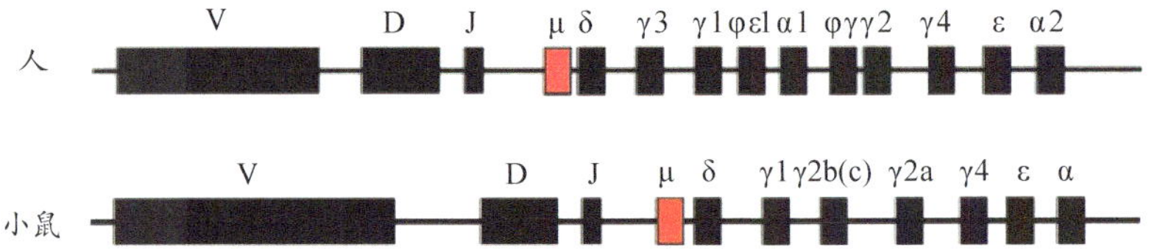

图 1　IgM 抗体结构

（2）经典的单体免疫球蛋白分子整体呈“ Y ”字形，是由两条相同的轻链（L）和两条相同的重链（H）通过二硫键连接组成异质二聚体（图 2）。重链和轻链都由免疫球蛋白的结构域组成，每个免疫球蛋白结构域约含 100 ～ 110 个氨基酸残基，其二级结构是由含 7 ～ 9 个反向平行的 β 链形成的两个 β 片层，通过相对保守的两个半胱氨酸形成的二硫键及 β 片层内侧的疏水性氨基酸的相互作用起到稳定分子结构的作用。哺乳动物免疫球蛋白重链通常长度为450～550个氨基酸，包含4～5个该样的免疫球蛋白销构域，分子量大小约为50kDa；轻链长度为211～217个氨基酸残基，含有两个免疫球蛋白结构域，分子量大小约为25kDa。有趣的是，在骆驼和鲨鱼体内发现仅由两条重链组成的有功能的重链抗体。在同一个体产生的不同抗体中，重链和轻链N端的第一个结构域序列变化非常大，因此这一结构域被称为可变区，重链和轻链的可变区共同构成了免疫球蛋白分子的抗原结合位点。可变区中存在两个序列差异局度集中的区域，被称为离变区该抗体分子结合抗原的特异性和亲和力，而可变区的其他区域相对守，被称为框架区，主要起免疫球蛋白结构的稳定作用。

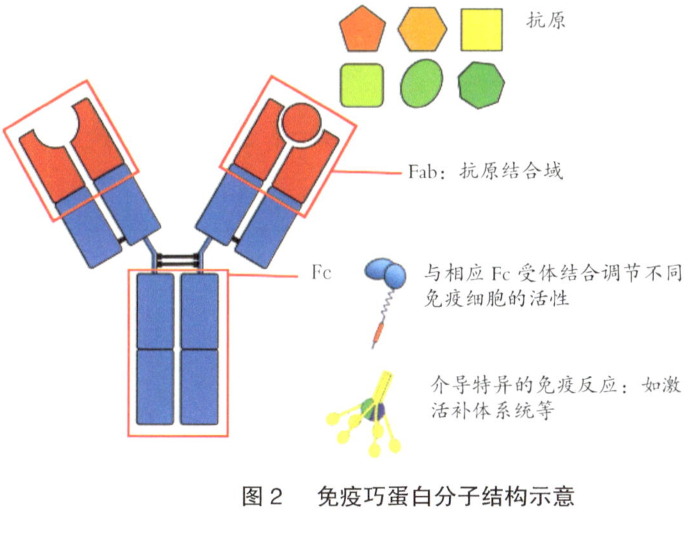

图2　免疫巧蛋白分子结构示意

二、免疫球蛋白多样性的产生机制

目前认为抗体多样性主要是通过以下4种机制产生：V（D）

J 重组、体细胞超突变、基因转换以及类别转换重组。前 3 种机制能够提高抗体可变区结构域（即抗原结合位点）的多样性，而类别转换重组则针对的是抗体的恒定区结构域，使抗体类型增加，丰富了抗体在体内的效应功能。

免疫球蛋白基因包括重链和 *K*，*λ* 轻链基因，重链和轻链的胚系基因都是分别由编码可变区和恒定区的众多基因片段组成。这些基因片段彼此并不相连，而是被内含子隔开。重链胚系基因包含数目不等的 *V*、*D*、*J*、*C* 基因片段，各自成簇排列。轻链基因没有 *D*，其中 *K* 轻链的胚系基因结构与重链类似，*λ* 轻链的 *V* 片段位于整个位点的上游位置，*J* 和 *J* 片段则形成若干独立的 *J-C* 结构单元串联排列在 *Vλ* 位点的下游（图 3）。

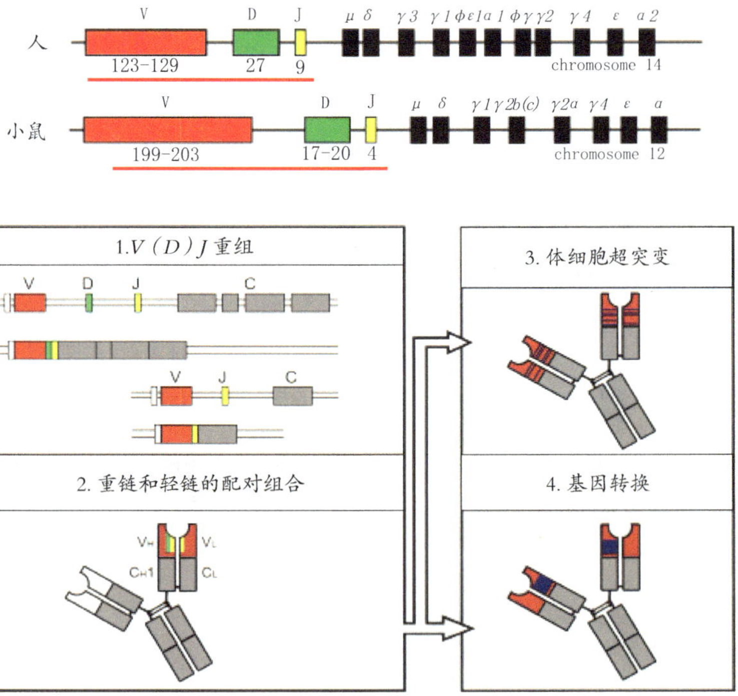

图 3　抗体多样性形成机制示意

三、免疫球蛋白重链基因位点的染色体定位

目前的研究发现牛免疫球蛋白重链基因有着非常独特的特点，基因组中存在着两个有功能的免疫球蛋白重链基因位点，分别位于第 21 号和第 11 号染色体上。

为验证两个重链基因位点的存在，我们选择 3 个 VH 阳性 BAC、1 个 u 阳性 BAC、1 个 IGHML1 阳性 BAC 以及 1 个 α 阳性 BAC 共 6 个 BAC 作为探针通过 FISH 实验进行染色体定位，以直观显示牛免疫球蛋白重链基因位点所在位置和数量。

结果发现两个 *μ* 基因串联排列在 21 号染色体的 IgH 位点中；荷斯坦奶牛 IgH 位点结构：Vn-Dn-Jn-μ1-(ψδ-ψV-Dn)3-Jn-μ2-δ-γ3-γ1-γ2-ε-α；两个 m 基因可以通过独立的 VDJ 重组表达，*m*2 也可以通过类别转换重组机制表达；11 号染色体上不存在有功能的 IgH 基因。

证实牛只有唯一一个 IgH 基因位点，并得到较完整的解析；两个有功能的 *μ* 基因串联排列在 IgH 位点上，*μ*2 是主要的表达亚型且可以通过类别转换重组方式表达；连接多样性，*CDRH*3 的长度多态性是牛抗体多样性的形成重要机制。证明牛基因组中只有一个免疫球蛋白重链基因位点，并获得了较为完整的结构信息。

李银心

李银心，女，1965年12月生，博士，现任中国科学院植物研究所研究员、博士生导师，兼任中国农业生物技术学会常务理事。

长期从事以植物抗盐为主线的研究工作。主持转基因专项“重要性状基因克隆及功能验证”“规模化克隆鉴定盐角草抗盐相关基因及转化小麦提高抗盐抗病性的研究”；海洋公益专项“滨海湿地修复效果评估技术研究”；海洋“863”计划、“海岛及舰船极端生境蔬菜生产保障技术研究与示范”“耐海水蔬菜新品种选育与规模化应用技术”“耐海水修复植物资源筛选与新品系选育”等课题。主持完成的“海水蔬菜”成果，2001年入选“863”计划十五周年重大科研成就展，2005年入选“国家‘十五’重大科技成果展”，2006年入选“国家科技创新重大成就展”。发表论文70余篇，专利40余项。

盐生植物研究与应用
——真盐生植物盐角草的研发实践

李银心

一、为什么发展海水作物？

人类的生存需要食物保障，食物主要来源于耕作收获，传统农耕依赖于耕地和淡水。自然变迁和不恰当的耕作方式导致盐渍化土地面积不断扩大，包括滨海盐碱滩涂和内陆盐碱地，其中既有原生盐渍化也有次生盐渍化类型。全球和中国的盐渍化土地面积呈现递增趋势。同时还伴随着世界性淡水资源的匮乏问题，这些无疑向人类未来生存和发展提出了严峻的挑战。

盐渍化土地是重要的农业后备土地资源。就中国而言，开发利用这些土地是保证我国 18 亿亩耕地面积的重要战略措施，是减轻温室效应、减缓荒漠化危害、改善生态环境、促进农业可持续发展的重大课题，是现代农业的战略任务。在盐渍化生境中普通栽培作物无法生存，却分布着许多盐生先锋植物（图 1）。能

图 1　生长在盐渍化土地上的盐生先锋植物

否从这些先锋植物中开发展出新作——海 / 咸水作物，从而为解决资源短缺问题开辟新途径？

二、什么是盐生植物？

盐生植物是指至少能在 3.3bar（相当于 70mmol/L 单价盐）渗透压盐水的生境中生长的自然植物区系（Greenway, 1980）。在 200 ～ 500mmol/L NaCl 条件下能正常生长的是真正的盐生植物；在低于 200mmol/L NaCl 条件下能生长的是耐盐植物，包括盐土植物和甜土植物，其中甜土植物是指不耐盐的植物，包括栽培作物等；其他的对盐非常敏感的叫敏盐植物。

全世界的盐生植物有 2 600 多种，中国有 532 种，主要分布在西北与华北的干旱和半干旱地区、黄河三角洲及华东与华南沿海地区（赵立夫等，2001）。盐生植物是以泌盐、聚盐和避盐等不同的方式适应盐渍化的土壤环境，成为构成自然生境中盐生荒漠、盐生草甸和盐生沼泽的重要元素，包含着丰富的药用、食用、工艺以及绿化和固沙植物资源。耐盐植物是耐盐基因的重要供体和研究耐盐机理的宝贵材料，是进一步培育耐盐植物新品种、发展海（咸）水农业的基础，是促进未来经济发展的潜在资源，具有重要的经济战略发展前景以及重要的学术研究和生态价值。

三、盐角草的特性及价值

盐角草（*Salicornia europaea* L.）属于藜科盐角草属，是一年生肉质化草本植物，可在 3 倍海水盐度的高盐环境下生长，是世界上最耐盐的高等植物种类之一（图 2）。

图 2　自然盐渍化环境下生长的盐角草

（一）盐角草的分布

盐角草主要分布在亚洲、欧洲、非洲及北美洲的盐碱地、盐湖、海滨和干旱地区，俄罗斯境内从太平洋沿岸到欧亚大陆交界的高加索地区，日本、朝鲜、印度以及中国的东北、华北、西北及山东、江苏北部沿海地区（中国科学院中国植物志编辑委员会，1979）。

（二）盐角草花的结构

肉穗花序长 1 ～ 5cm，具短梗；每 3 花生于苞腋，中间 1 花较大，两侧 2 花较小，位于下方。花被肉质，倒圆锥状；两雄蕊，发育不均匀，伸出花被外，雌蕊柱头二裂，子房下位；雌蕊发育较快，当雄蕊的花药还没有达到表面，雌蕊的二裂柱头已经伸出来开始接收花粉；不排除异花授粉的可能（图 3）。

（三）盐角草核型及基因组

盐角草属植物大多数是二倍体和四倍体，该属植物染色体较小，长度在 0.6 ～ 1.8μm，但是染色体形态的变化很大。盐角草的染色体基数为 x=9（2n=18），2C-value 为 2.75±0.03pg。推算盐角草基因组全长约为 1344.75±14.67Mb；其大小分别是拟南芥（2n=10125Mb）、水稻（2n=24466Mb）和高粱（2n=20730Mb）的 11 倍和 3 倍和 2 倍；是玉米（2n=202300Mb）的 3/5。盐角草基因组不论大小还是复杂程度均远小于小麦基因组。

图 3　盐角草花结构

（四）盐角草生物学特性

盐角草为喜钠植物（图 4），具有较宽的氮和磷浓度耐受范围。

图 4　盐角草为喜钠植物（Lv *et al.*, 2012a）

（A）不同种类盐处理生长的盐角草；（B）不同种类盐处理生长的盐角草地上部分比较。

（五）经济性状

种子：种子产量可达 1 ～ 1.5t/hm^2（黄豆为 3 t/hm^2），种子含油量约 30%，其中不饱和脂肪酸含量占总脂肪酸的 70% ～ 75%，可与橄榄油相媲美；籽粕中蛋白含量达 30%，但含盐量低于 3%，可作饲料。

幼茎：肉质化，是一种优良蔬菜。

茎秆：木质化，干秸秆可制造防白蚁的板材。

（六）生态功能

(1) 有聚盐能力和脱盐作用，初步计算其积盐效率为干重的 8%；若按盐碱地年产 20t/hm^2 干重生物量计算，则相当于盐碱地年积盐 1.6t/hm^2；可用于盐碱滩涂地的脱盐改良，实现创造良田的目的。

(2) 形成生物量，利用盐碱滩涂地实现固碳、供氧和转化能量；

(3) 防风固沙、保持水土、调节和改善环境温度，分布在亚洲、欧洲、非洲及北美洲的盐碱地、盐湖、海滨和干旱地区。

四、盐角草的基础研究价值

盐角草不仅是研究植物耐盐机理的宝贵材料，同时也是耐盐基因的重要供体。学者们从盐角草的生境特点、形态适应机理、生理生态到生物化学，解析植物抗盐适应性的原因。从蛋白质组、转录组到基因组，系统地研究抗盐的分子机理。从分子水平上，借助于基因工程作为进化推进器，更有针对性、更有效地对目标候选植物材料进行定向改造，进而大大拓宽盐生作物的应用选择范围。

（一）以盐角草为靶标建立盐生植物研究技术平台

包括：盐角草体外培养方法（Shi *et al.*,2006），盐角草悬浮细胞系的建立方法（ZL201310296841.7）（Tai *et al.*,2017），盐生植物 RNA 提取方法（Wang *et al.*,2008），盐生植物蛋白质提取方法（Wang *et al.*,2007），CBB 染色方法（Wang *et al.*,2007），蛋白质凝胶内酶解的方法（ZL200610165282.6），一种适用于 2-D DIGE 的植物质膜蛋白提取及再溶解方法（ZL201310041325.X），盐生植物叶绿体蛋白提取方法（ZL200910077964.5）（Fan *et al.*,2009），从植物组织中分离质外体汁液的方法（ZL201310058076.5），检测液泡膜质子流的方法（ZL201010117670.3）。

（二）利用比较蛋白质组学方法研究盐角草耐盐机理

从整株水平到细胞器水平，从不同 NaCl 处理的盐角草地上部分分离出 196 个表达量发生了 2 倍以上变化的蛋白；成功鉴定出了其中 113 个蛋白质；分离出 90 个差异表达蛋白，成功鉴定其中 45 个。

（三）质膜蛋白质组学揭示钙信号参与盐角草 NaCl 促进的氮素吸收过程

盐处理下，胞质 Ca^{2+} 浓度升高，而施加 Ca^{2+} 通道抑制剂 $LaCl_3$ 减弱了 NaCl 对氮素吸收的促进作用。我们的研究发现 NaCl 促进盐角草对硝态氮的吸收，进一步利用优化的质膜蛋白提取及再溶解方法和 2-D DIGE 分析了盐角草根系质膜蛋白对不同浓度 NaCl 和 NO^{3-} 的响应，共鉴定到 81 个差异表达的蛋白点，其中钙信号通路的 8 个蛋白发生差异表达。

（四）转录组和表达谱高通量测序聚焦盐角草耐盐基因

盐处理通过影响细胞壁代谢及木质部导管的分化来促进对离子的吸收。盐处理下，盐角草转录因子 GLK2 调控叶绿素合成基因，pTAC2 调控叶绿体染色体基因表达以及其相互关系的可能模型。

（五）高通量测序鉴定参与盐角草耐盐反应的 miRNA

从盐角草中鉴定了 210 个保守 miRNA 和 31 个盐角草特异的新 miRNA；盐角草 miRNA 通过对下游靶基因的调控参与其盐适反应的可能途径；43 个保守 miRNA 和 13 个新 miRNA 的表达受盐调控，53 个保守 miRNA 和 13 个新 miRNA 在地上部分和根中具有差异性表达。

（六）盐角草抗逆相关基因的分离和功能鉴定

①胡萝卜素合成途径关键酶基因：*SePSY* 和 *SeLCY*(GenBank Accession Number: AY789515, AY789516)。② Na^+/H^+ 逆向转运蛋白基因：*SeNHX*1(AY131235)；③ *V-ATPase A* 亚基基因：*SeVHA-A*(HM490006)；④ NaCl 协同的养分高效利用相关基因：H^+-PPase 蛋白基因：*SeVP*1 和 *SeVP*2(HM490004, HM490005)。尿素高亲和转运蛋白基因：*SeDUR*3；⑤参与木质素合成的基因：漆酶基因 *SeLAC*1；⑥膜脂重塑相关的基因：磷酯酰丝氨酸合酶基因 *SePSS* 等。

（七）*SePSY* 及 *SeLCY* 基因参与植物的抗盐反应

①过表达 *SePSY* 基因的拟南芥提高了在盐胁迫下的耐受性，POD、SOD 活性提高，同时 H_2O_2 和 MDA 含量降低；②过表达 *SeLCY* 基因的拟南芥对盐胁迫的耐受能力提高，主要表现在缓解盐胁迫造成的次级氧化伤害。

（八）SeNHX1：参与抗盐反应，抗病新功能

过表达 SeNHX1 和 AtNHX1 提高了烟草的抗病性，而在烟草中抑制 NbNHX1 的表达则降低了植株的抗病性。NbNHX1 调节细胞氧化还原平衡，并调节多个 ROS 响应基因的表达。液泡 NHX1，通过调节液泡 pH 值，影响细胞氧化还原平衡，从而参与植物的抗病反应。

（九）SeVHA-A 通过调节液泡 Na^+ 区隔化参与盐角草抗盐反应

构建盐角草 SeVHA-A 的 RNAi 悬浮细胞系，发现：①液泡膜 V-ATPase 和 V-PPase 酶活下降；② RNAi 悬浮细胞系的抗盐性下降；③ RNAi 悬浮细胞系的液泡 pH 值升高；④ RNAi 细胞系液泡内 Na^+ 积累水平显著下降。

（十）盐角草 H+-PPase 参与盐下对氮素的吸收利用

①外施 H^+-PPase 抑制剂，降低盐角草的 NO_{3-} 吸收效率；②过表达 H^+-PPase 基因的拟南芥具有较高的可溶性糖含量而淀粉含量下降；③低氮条件下，过表达 H^+-PPase 基因的拟南芥中液泡 NO_{3-} 外流增强；④过表达 H^+-PPase 基因提高了小麦同时耐盐和低氮的能力。H^+-PPase 通过促进蔗糖向根的运输及液泡 NO_{3-} 的外流促进转基因植物对氮素的吸收和利用，能够同时提高植物的耐盐和低氮能力。

（十一）SeDUR3 参与盐角草对尿素的高亲和吸收

盐角草中存在尿素的高、低亲和吸收系统。① SeDUR3 定位在细胞膜；② SeDUR3 的表达受盐和尿素诱导；③ SeDUR3 可以互补拟南芥 DUR3 突变体的表型。

（十二）SeLAC1 参与木质素合成及木质部形态建成

① SeLAC1 定位于细胞壁和细胞膜；②过表达 SeLAC1 的拟

南芥木质部导管数目增多，细胞壁增厚；③过表达 SeLAC1b 的拟南芥抗盐性提高；④过表达株系总木质素含量升高，S/G 单体比例升高。

（十三）SePSS 通过调控质膜极性参与抗盐反应

①盐下盐角草与拟南芥细胞膜去极化特性不同；②盐下盐角草膜脂流动性降低而拟南芥升高；③ SePSS 的克隆及生物信息学分析，其表达受盐诱导；④ SePSS 在拟南芥异源表达影响了质膜的极性及耐盐性；⑤ SePSS 定位在内质网。

五、盐角草的实践应用成果显著

（一）全海水人工驯化栽培试验

在江苏大丰第一次成功实现了盐角草的全海水无土栽培，由于盐角草的根系是直根系且木质化，再生能力较差，所以能够实现无土栽培是一个较大的突破，后来又实现了滩涂的全海水栽培（图 5）。

图 5　盐角草无土栽培和全海水栽培

（二）有机种植技术规程

在实践的基础上制定出有机食品海芦笋（盐角草）的标准化种植技术操作规程，该规程于 2009 年列入江苏省地方标准，2010 年正式发布，2011 年起实施，该规程的制定进一步推动了盐角草研发工作从实验室研究到田间生产的跨跃（图 6）。

图 6　盐角草的标准化种植技术操作规程使其从实验室研究走向田间生产

（三）绿色有机蔬菜食品证书

江苏大丰还注册了“晶隆牌”耐海水蔬菜产品商标。“晶隆牌” 海水蔬菜及深加工产品，在 2008 年被中国农产品品牌大会评选为“十佳农产品品牌”。2004 年获国家绿色食品 AA 级和有机食品证书。

（四）滩涂规模化种植

在江苏盐城建立了占地 5000 亩的规模化生产试验基地， 建成温室大棚248条。盐角草人工驯化、全海水无土栽培以及作为蔬菜应用和深加工的研究取得可喜进展（图7）。

图7　江苏盐城盐角草规模化生产实验基地

（五）盐角草深加工产品

盐角草可以加工成休闲食品、干菜、植物盐、保健饮品、软胶囊、各类面食等（图8），试制产品受到普遍欢迎。

图8　盐角草深加工产品

（六）盐角草——修复富营养化污染海水

利用盐角草可以修复富营养化的海水，厦门筼筜湖在这方面曾经有过成功的经验，2008 年利用生态浮床技术栽培盐角草等海水蔬菜改善筼筜湖的生态环境，让筼筜湖的湖水恢复如初（图 9）。

图 9　利用盐角草修复富营养化海水

（七）盐角草在修复重金属污染中的巨大潜能

日本科学家 2009 年就报道了盐角草对镉的耐受和富集（Takashi *et al.,* 2009），2015 年又报道了盐角草对重金属的耐受性（Van *et al.,* 2015），其中可以耐受 800μmol/L Cd^{2+}、200μmol/LNi^{2+} 和 100μmol/L As^{3+}，所以盐角草在修复重金属污染方面的潜能是有待继续挖掘的。

（八）盐角草是一种最有潜力的太空植物

盐角草在高浓度氮营养环境，特别是氨态氮的条件下，生长最为旺盛。2002 年，在 34 届国际空间委员会科学大会上（34th COSPAR Scientific Assembly, The Second World Space Congress, held 10-19 October, 2002 in Houston, TX, USA）俄罗斯科学院西伯利亚分院的科学家 Natalia A. Tikhomirova 等人首先提出盐角草

(*Salicornia europaea* L.)有望在太空生命支持系统(Life Support System,LSS)中发挥作用(Tikhomirov *et al*., 2002)。盐角草可以种植在航天飞机和太空空间站中，有望进入宇航员生存保障系统，是一种最有潜力的太空植物(图 10)。此后至 2009 年间，该研究组连续发表 7 篇相关研究报告。神舟六号飞船上采用气流冲刷的办法，将航天员的便溺物进入储存系统，盐角草将可以发挥对其进行再利用的功能(图 11)。

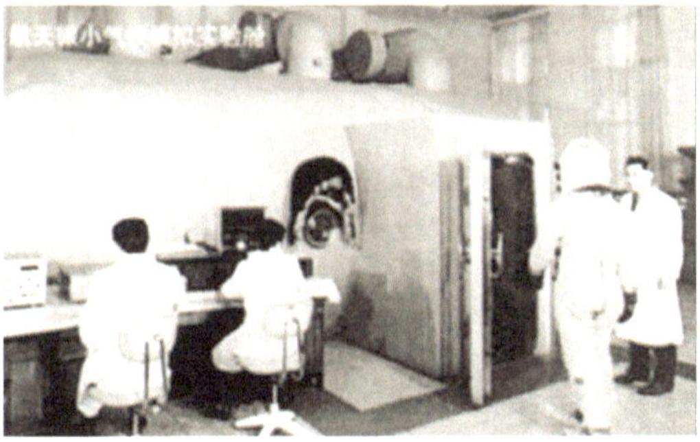

图 10　航天微小气候模拟实验舱

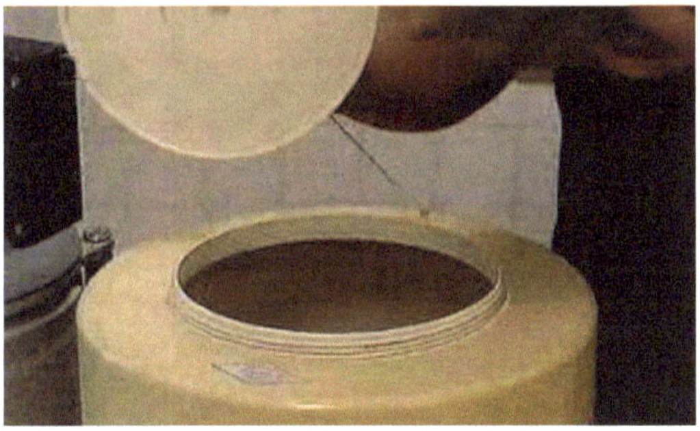

图 11　神舟六号飞船使用的储存系统

六、以盐角草为材料研究植物耐盐机理的热度递增

有多个团队正在积极开展盐角草的研究。例如，Marker Tester 团队通过对盐角草进行转录组测序和对细胞内不同膜组分

的分离及蛋白组学分析等，来研究盐角草的耐盐性；中科院新疆生态与地理研究所田长彦团队也对盐角草进行转录组测序来研究其耐盐机理。

七、结 语

盐角草具有发展为新型作物的潜力，人工驯化种植和幼茎作为蔬菜的应用开发已取得成功，在江苏进行了规模化种植，人工栽培驯化的技术规程已列为江苏省地方标准。已经具备从盐角草种子中提取食用油的成熟技术，盐角草的幼茎蔬菜获得绿色双A和有机食品证书，进入市场开发。耐盐机理方面开展了系统深入的研究，获得了多个耐盐基因，尝试了用于小麦的耐盐性改造，实现了盐角草作为耐盐基因供体的功能。多项盐角草相关国家技术发明专利已经获得授权。同时，盐角草还具有生态修复功能，已在重金属污染土地和富营养化污染海水修复中得到了验证，以及在高盐环境下利用氮素以及其他养分的能力揭示出其作为太空植物的极大潜力。

但是盐角草的研究目前还存在诸多未解问题：作物生产需要机械化收割，作为油料作物需要种子同步成熟后收割，大豆的种子同步成熟度是95%以上的，但是盐角草种子同步成熟度只有不到70%，是无限花序，是陆续生长的，在上面还在开花的时候，下面的种子已经散落到地上了，成熟的不同步极大的影响了盐角草的规模化生产；另外盐角草的皂甙（Saponin）含量较高，皂甙有苦涩味，影响了盐角草的适口性；萼片宿存，紧紧的包裹在种子外面，很难去除，宿存萼片的色素成分渗入油中，导致油呈现褐红色，直接影响了油的生产；种子生活力的保持也是一个难以解决的问题，在常温的条件下，种子生活力只能保持一年，我们现在可以采取手段延长至 5 年，但是还需要进一步的研究；另外受精和杂交育种以及基因组测序等等方面也有待研究。

《人类简史—从动物到上帝》 一书中记载，在公元前 9500 年至 3500 年间，人类驯化了小麦、水稻、玉米、马铃薯、小米和大麦（尤瓦尔·赫拉利和林俊宏，2016）。从科学的严谨性看，要想成为有世界性竞争力的新型海（咸）水作物，除了在高盐度水浇灌下保持高产外，还应适应并超越现行灌溉和收获制度，保证能够从其产品中赢利。作为作物还须满足一般性标准，如化学成分、消化率、适口性、利用方式、出现率和丰富度（推广）等，这些目标的实现无疑需要生物工程高技术的投入。盐角草的研究和人工驯化虽然有 10 余年历史，但是相比现代栽培作物的驯化始于 1 万年前（～ 10 万年前）的漫长时间历程来说还远远不够，所以希望有更多的人关注并且投入到这项研发工作中来。

参考文献

Bao H, Chen XY, Lv SL, *et al.,* 2015. Virus-induced gene silencing reveals control of reactive oxygen species accumulation and salt tolerance in tomato by γ-aminobutyric acid metabolic pathway. Plant Cell and Environment, 38: 600-613.

Chen XY , Han HP, Jiang P, *et al.,* 2011. Transformation of beta - lycopene cyclase genes from Salicornia europaea and Arabidopsis conferred salt tolerance in Arabidopsis and tobacco. Plant and Cell Physiology, 52: 909-921.

Chen XY, Bao H, Guo J, *et al.,* 2014. Na+/H+ exchanger 1 participates in tobacco disease defence against Phytophthora parasitica var. nicotianae by affecting vacuolar pH and priming the antioxidative system. Journal of Experimental Botany, 65: 6107-6122.

Davy A J, Bishop GF, Costa CB, 2001. Salicornia L. (Salicornia pusilla J. Woods, S. ramosissima J. Woods, S. europaea L., S. obscura P.W. Ball & Tutin, S. nitens P.W. Ball & Tutin, S. fragilis P.W. Ball & Tutin and S. dolichostachya Moss). Journal of Ecology, 89: 681-707.

Fan PX, Wang XC, Kuang TY, *et al.,* 2009. An efficient method for the extraction of chloroplast proteins compatible for 2-DE and MS analysis. Electrophoresis, 30: 3024-3033.

Fan PX, Feng JJ, Jiang P, *et al.,* Coordination of carbon fixation and nitrogen metabolism in Salicornia europaea under salinity: comparative proteomic analysis on chloroplast proteins. Proteomics, 11: 4346-4367.

Fan PX, Nie LL, Jiang P, *et al.,* Transcriptome analysis of Salicornia europaea under saline conditions revealed the adaptive primary metabolic pathways as early events to facilitate salt adaptation. PLoS ONE, 8: e80595.

Feng JJ, Wang JH, Fan PX, *et al.,* 2015. High-throughput deep sequencing reveals that microRNAs play important roles in salt tolerance of euhalophyte Salicornia europaea. BMC Plant Biology, 15: 63.

Ghaffari SM, Saydrasi L, Ebrahimzadeh H, *et al.,* 2006. Chromosome numbers and karyotype analyses of species of subfamily Salicornioideae (Chenopodiaceae) from Iran. The Iran Journal of Botany, 12(2): 128-135.

Greenway H, Munns R. 1980. Mechanisms of salt tolerance in nonhalophytes. Annual Review of Plant Physiology 31: 149-190.

Han HP, Li YX, Zhou SF*. 2008. Overexpression of phytoene synthase gene from Salicornia europaea alters response to reactive oxygen species under salt stress in transgenic Arabidopsis. Biotechnology Letters, 1501-1507.

Lv SL, Nie LL, Fan PX, *et al.,* 2012. Sodium plays a more important role than potassium and chloride in growth of Salicornia europaea. Acta Physiologiae Plantarum, 34: 503-513.

Lv SL, Jiang P, Chen XY, *et al.,* 2012. Multiple compartmentalization of sodium conferred salt tolerance in Salicornia europaea. Plant Physiology and Biochemistry, 51: 47-52.

Nie LL, Feng JJ, Fan PX, *et al.,* 2015. Comparative proteomics of root plasma membrane proteins reveals the involvement of calcium signalling in NaCl-facilitated nitrate uptake in Salicornia europaea. Journal of Experimental Botany, 66: 4497-4510.

Shi XL, Han HP, Shi WL, *et al.,* 2006. NaCl and TDZ are two key factors for the improvement of in vitro regeneration rate of Salicornia europaea L. Journal of Integrative Plant Biology, 48: 1185-1189.

Lv SL, Jiang P, Tai F, *et al.,* 2017. The V-ATPase subunit A is essential for salt tolerance through participating in vacuolar Na+ compartmentalization in Salicornia europaea. Planta, 246: 1177-1187.

Tai F, Lv SL, Jiang P, *et al*., 2017. Establishment of a gene function analysis system for the euhalophyte Salicornia europaea L. Plant Cell Report, 36: 1251-1261.

Ozawa T, Miura M, Fukuda M, *et al*., 2009. Cadmium tolerance and accumulation in a halophyte Salicornia europaea as a new candidate for phytoremediation of saline soils. Scientific report of the Graduate School of Life and Environmental Sciences, Osaka Prefecture University, 60: 1-8.

Tikhomirov AA, Ushakova SA, Manukovsky NS, *et al.*, 2003. Mass exchange in an experimental new-generation life support system model based on biological regeneration of environment. Advances in Space Research, 31: 1711-1720

Van Oosten MJ, Maggio A. 2015. Functional biology of halophytes in the phytoremediation of heavy metal contaminated soils. Environmental and Experimental Botany, 111: 135-146

Wang XC, Tian WM, Li YX*. 2008. Development of an efficient protocol of RNA isolation from recalcitrant tree tissues. Molecular Biotechnology, 38: 57-64.

Wang XC, Li XF, Deng X, *et al.*, 2007. A protein extraction method compatible with proteomic analysis for euhalophyte Salicornia europaea L. Electrophoresis, 28: 3976-3987.

Wang XC, Fan PX, Song HM, *et al.*, 2009. Comparative proteomic analysis of differentially expressed proteins in shoots of Salicornia europaea under different salinity. Journal of Proteome Research, 8: 3331-3345.

郭杰，2016. 盐角草膜脂组分研究揭示 *SePSS* 在适盐反应中的作用 [D]. 北京 . 中国科学院植物研究所 .

聂玲玲，冯娟娟，吕素莲，等，2012. 真盐生植物盐角草（*Salicornia europaea L.*）对不同氮形态的响应 . 生态学报，32: 5703-571.

苗芳芳，2017. 盐生植物尿素和硝态氮高亲和转运蛋白功能初探 [D]. 北京 . 中国科学院植物研究所 .

王金辉，2018. 漆酶基因参与木质素合成与植物盐适反应的初步研究 [D]. 北京 . 中国科学院植物研究所 .

尤瓦尔·赫拉利，2017. 人类简史：从动物到上帝 [M]. 中信出版集团.

中国科学院中国植物志编辑委员会,1978. 中国植物志[M]. 北京:科学出版社.

赵可夫,冯立田,2001. 中国盐生植物资源[M]. 北京:科学出版社.

孔垂华

孔垂华，安徽省铜陵市人，1962 年 11 月出生，汉族，中共党员，研究生学历。长期从事植物化学生态学研究，出版学术著作 4 部，在国内外重要学术刊物发表论文 150 余篇，并产生较大的影响（2014—2016 年连续三年入选爱思唯尔中国高被引学者农业与生物科学榜单），授权国家发明专利 3 项。

其主要研究成果包括：一是在系统阐明水稻化感品种化学物质的基础上，建立了特征次生物质标记评价筛选水稻品种和单植株化感潜力的方法，并选育出第一个可供实际生产应用的水稻化感新品种。二是发现作物化感品种与杂草种间存在的化学通信机制，提出并验证了“作物化感品种是通过与杂草间的化学识别及信息传递才能合成释放相应的化感物质抑制杂草”的假设。三是澄清连栽杉木人工林生产力降低和再植障碍的自毒物质，并揭示混种火力楠降低自毒物质促进杉木生长的地下化学作用机制。这些成果丰富完善了植物化学生态学内容，并推动了植物化学生态学机制在农林生态系统中的应用。

植物种间和种内的地下化学作用

孔垂华

植物在生态系统中占中心地位，植物也是自然界种类繁多和结构多样次生代谢物质的主要来源（占 80%）。和动物不同，植物不能回避动物取食、微生物侵染和其他植物竞争，而是往往通过合成释放次生物质应对，这也是植物产生众多次生物质的主要驱动力。现已证明，植物与其他有机体间普遍存在着通过次生物质为媒介的化学作用，这些化学作用在农业生态系统中表现为植物对有害生物的化学防御。植物产生毒素和植保素防御昆虫取食和微生物侵染的事实早已被认识，尤其是一些植物在昆虫取食时可以释放挥发物质引诱天敌从而揭示了作物—害虫—天敌三营养食物链中的化学作用关系。同样，植物合成释放次生物质影响邻近同种或异种植物萌发生长的化感作用也被发现很长时间。近年越来越多的证据显示，植物种间和种内除了通过化感物质的相互抑制或促进作用关系外，还存在着通过次生物质进行的信息传递关系。揭示并充分利用植物这种内在的化学防御机制不仅能拓宽认识植物与其他有机体间关系的视野，而且能开拓农作物有害生物控制的新途径，进而实现生态安全条件下的有害生物可持续控制策略。

对陆生植物而言，植物与其他有机体的化学作用只能是在空气和土壤两种载体中进行。植物与其他有机体经空气载体进行的化学作用已取得重要进展，但由于土壤载体的复杂性和植物根系的多样性，植物经土壤载体与其他有机体进行的化学作用研究一直面临着巨大的挑战。鉴于此，植物地下化学作用成为近年关注的热点和焦点领域。越来越多的研究表明，植物在地上部分与其他有机体发生的化学作用同样也在地下部发生，特别是地下部发生的化学作用可以直接影响植物在地上部的化学防御以及生长和共存。本报告主要针对这一国际前沿热点并结合自己的研究工作，阐释植物种间和种内的化学作用及相应的作用机制，尤其是发生在地下的化学作用。在此基础上，通过具体的研究实例剖析，展现植物化学作用在农业生态系统中的应用前景。

一、 植物种间和种内的化学作用

植物种间和种内的化学作用主要涉及植物化感作用（*allelopathy*）和植物化学识别通讯（*allelobiosis*）。植物化感作用是指一种活或死的植物通过适当的途径向环境释放特定的化学物质从而直接或间接影响邻近或下茬（后续）同种或不同种植物萌发和生长的效应，而且这种效应绝大多数情况下是抑制作用（植物种内发生的抑制作用亦称自毒或自疏作用）。植物化学通讯识别也是一种植物释放化学物质到环境中对邻近植物产生的影响，只是这种影响不是对植物有害的生长抑制而是大多有益于植物的识别形形色色的“邻居”，从而调整生物量分配以及决定是否采用化学防御等手段，而且植物化学通讯与识别只是发生在活体植物共存期间。植物化感作用和植物化学通讯识别是植物对所处生物和非生物环境的一种自然化学响应策略，这一策略对正确认识和理解生态系统中植物相互作用和共存机制及其群落构建机理具有重要意义。不仅如此，植物种间和种内化学作用的实践还能促进农林业的可持续发展和达到对自然资源的保护。

经过近50年的研究，主要陆生和水生植物的化感作用及其在自然和人工生态系统中的意义已基本阐明，并在农林生态系统中获得应用。植物种间和种内的化学通讯识别研究起步较晚，但近年在国内外越来越受到重视并不断取得重要进展。其实，无论是地上空间还是地下土壤都像无线电波一样充满着化学信号，植物依据自身情况识别化学信号，有效的化学识别与通讯在植物生长中往往具有决定性的作用。植物化学识别最先是在寄生植物与其寄主植物关系的研究中发现并确证，寄生植物对寄主植物的专性或选择性识别往往是通过寄主植物地下根分泌或地上茎叶挥发释放的化学信号物质而实现的。近年还发现植物种内亲属间存在化学识别现象，即所谓的植物亲属识别。植物亲属识别是指同种植物具有亲缘关系个体或种群生长在一起可以相互识别并产生调整生物量分配、避免竞争和防御等合作行为，从而使个体自身及种群获益，而没有亲缘关系即使同一植物种的个体和种群则不发生类似的行为。一般而言，当与亲属生长在一起时，植物往往减少向竞争性器官的生物量分配，而将更多的生物量分配于繁殖器官，而非亲属间相互作用则诱导生物量向资源竞争性器官方面分配。植物亲属间这样的生长策略与人类对以收获种子的主要粮食作物生物量分配模式的要求不谋而合。因此，从植物亲属识别的角度来重新审视作物种内以及作物与杂草种间生态互作具有重要的理论和实践意义。

二、植物地下化学作用

生态学100多年的探索和研究主要集中在地上部分，而事实上生态系统地上部分和地下部分的相互作用控制着生态系统的过程和功能。因此，当前的生态学正走向地下，地下生态学（Belowground ecology）成为近年生态学研究的主流。同样，植物种间和种内的化学作用研究也主要关注地下化学作用。植物可以通过根分泌物和凋落物两种途径向土壤释放化学物质，从而改变土壤理化性质、养分状态和微生物群落结构以及根系行为，最终导致土壤正或负的反馈作用。对同一植物种而言，正或负的植物—土壤反馈表现为地下化学作用的净效益。

植物通过根分泌物改变土壤理化性质、养分状态和微生物群落结构已被广泛认识，近年发现植物根分泌物还可以改变同种和异种根系的生长和行为。植物根系的主要功能是从土壤中获取营养和水分，而且根系不会被动消极地等待这些地下资源，而是通过根系生长和分布积极主动地寻找资源丰富的区域。绝大多数植物能够将它们的根系集中在资源丰富的地方，同时减少根系在资源匮乏地的增殖。事实上，植物根系间的相互作用远比想象中复杂得多。越来越多的研究显示，一些植物的根系生长和分布并不是受土壤营养水平驱动的，而是对邻近植物根系的识别响应。植物依据邻近植物的存在和身份识别，可以表现为根系生长不受邻近植物根系影响（无响应）、根系生长朝向邻近植物根系方向（侵入或接近）和根系生长远离邻近植物根系（躲避或排斥）三类根系行为模式。虽然植物的这种根系识别后的行为模式可能涉及多重的因素，但植物根分泌的化学信号物质是关键的因子，尤其是侵入和躲避行为大多是与根系化学识别密切相关（图 1）。

图 1　植物共存的根系三种作用模式（A. 无响应模式 B. 侵入模式 C. 躲避模式）

植物地下化学作用介导的土壤反馈可对揭示一些农林生态系统中的连作（栽）障碍机制及其减缓具有重要意义。连作（栽）障碍是植物自身根分泌物和凋落物产生的次生物质导致地下生态关系破坏（土壤养分钝化、病源微生物及线虫种群增生、毒性物质累积和根系识别紊乱……）而产生的负植物—土壤反馈作用。鉴于此，只要增强地下化学生态作用的正效应（活化土壤养分、菌根真菌、捕食线虫、自毒物质降解、根系行为模式……），将植物种间和种内的地下化学作用介导的土壤反馈作用的净效益从负反馈改变为正反馈，就可以减缓甚至解决连作（栽）障碍。

杉木（*Cunninghamia lanceolata* <*Lamb.*>*Hook.*）是中国最重要的人工木材，但杉木连栽导致杉木人工林生产力衰退。长期的实践发现杉木与火力楠（*Michelia macclurei* Dandy）混交可以有效地减缓杉木连栽障碍、提高生产力。近年在中国科学院会同森林生态实验站长期定位样点原位采集不同林分的土壤、根系和根分泌物，发现当与火力楠混种时，杉木的根生物量、根长密度和根表面积 3 个表征根系生长的特征参数均显著增加，尤其是在深层土壤中增加的更为显著。虽然杉木林只是混种低密度的火力楠（杉木：火力楠＝4 ： 1），但混交林的土壤微生物群落更接近于火力楠而不是杉木的土壤土壤微生物群落。更有意义的是，杉木人工林及其火力楠混交林土壤化感物质环二肽浓度及其释放速率存在显著的差异，连栽的杉木人工林产生和释放的自毒性的环二肽浓度加剧，但在火力楠存在时，杉木释放环二肽的浓度显著降低，而且自毒性环二肽在火力楠土壤中的降解速度比在杉木土壤中大大加速。进一步的温室和室内实验发现，相比自身土壤，杉木幼苗在火力楠以及混交林土壤中生长能够累积更多的生物量。地下分隔实验显示，菌根真菌在杉木和火力楠的这一作用中发挥重要作用。这一研究表明，火力楠的存在可以改善杉木根系生长模式和土壤微生物群落、导致杉木减少自毒性的化感物质合成释放，同时释放的自毒物质也可以被快速降解。因此，混种的火力楠促进自毒的杉木生长是通过地下的化学作用而实现的。

三、作物化感品种的抑草机制

由于杂草对作物的危害，前期农业生态系统中一直关注于杂草的化感作用。然而真正有意义的是作物对杂草的化感作用，这意味着作物自身能产生“除草剂”调控杂草从而减轻杂草的为害。于是，近年农业生态系统中植物化感作用的研究焦点转移到作物的化感作用及其相应的抑草机制上，期望利用农作物自身的化感抑草特性达到对杂草的有效控制。大量的研究已经证实作物化感品种可以通过释放化感物质调控杂草，但这些作物化感品种为什么和在什么条件下合成并释放抑制杂草的化感物质？其实，化感作用是作物面临杂草胁迫时的一种化学响应，这种化学响应必然是建立在作物能对杂草胁迫感应的基础上。前期水稻化感品种与稗草种间的化学作用关系研究显示，水稻化感品种能通过稗草分泌的糖醛酸分子和茉莉酸感应识别稗草，并及时启动化学响应机制释放抑制稗草的化感物质。这样，作物化感品种对杂草的调控还涉及化学物质介导的识别和通讯，但大多数作物和杂草种间化学识别和通讯物质还没有澄清。最近通过小麦和麦田杂草种间化学作用研究发现，小麦化感物质的合成释放与共存杂草密度和存在时间显著相关而与杂草种属无关。进一步根系分隔实验显示小麦化感物质的合成与地下根系相互作用有关，尤其是杂草对小麦化感物质的诱导不是通过菌根而是通过共存植物根系释放的化学信号物质传递实现的。通过活性导向生物测定方法从麦田杂草根分泌物中分离鉴定出茉莉酸、水杨酸、黑麦草内酯和木犀草素等潜在的信号传导物质。这些物质均能激发小麦化感物质的合成，尤其是茉莉酸和黑麦草内酯在低浓度下就能诱导小麦化感物质合成，而且各种杂草都根分泌这两种物质。因此，小麦化感品种是通过对杂草根分泌的茉莉酸和黑麦草内酯信号物质识别邻近的杂草而释放化感物质予以抑制。这些结果充分显示作物化感品种和农田杂草种间普遍存在着通过地下化学识别和化感作用两个同时发生的化学生态作用机制（图 2）。

目前的农田杂草控制，大量的除草剂施入田间，事实上只有很小的剂量起作用，多余的剂量不仅是浪费，也污染了环境。造

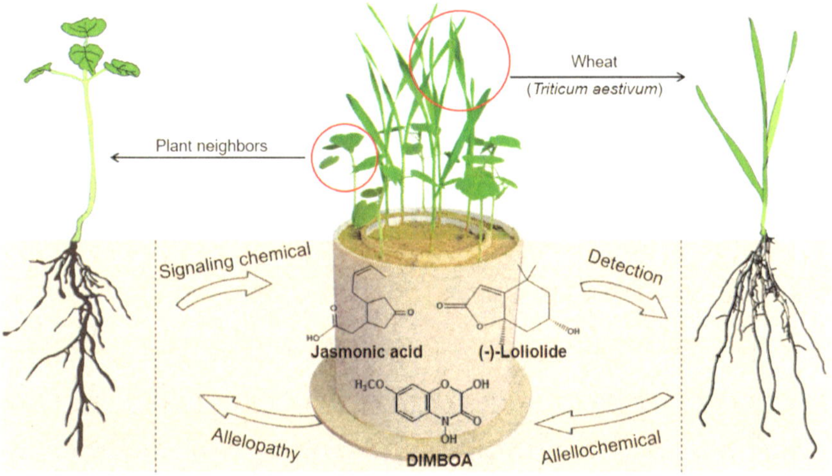

图 2　小麦和杂草在地下的化感作用和化学识别

成这一现状的一个重要原因是人们不能准确地掌握在什么时候投入多少剂量和种类的除草剂，但当杂草出现时，作物化感品种能够及时识别并知道何时产生和释放多少相应的化感物质。也许这些物质的量很少，但却是高活性和有效的。因此，充分利用作物化感品种这种内在的抑草机制可以建立农田杂草控制新技术，实现生态安全的条件下的杂草可持续调控。

四、作物化感品种选育及其利用

作物化感品种能够自身合成释放化学物质调控杂草，然而，经千百年的驯化培育，现代作物品种的化感特性大多已丧失或特征基因不再表达，只有极少数作物品种的化感特性被无意识地保留下来，而且这些从众多种质资源中筛选出的作物化感品种的产量、品质和农艺性状等已不能满足目前生产种植的要求。因此，以这些化感特性的作物品种为抗原材料，采用传统或分子育种等手段将它们的化感特性导入高产优质和优良农艺性状的作物品种中，培育出高产优质且具有化感功能的作物新品种成为近年世界各国保障粮食安全的重要目标之一。

目前，欧盟通过10年前启动的FATEALLCHEM项目，选育小麦化感新品种，中国则开展了水稻化感新品种选育。前期主要以国际公认的水稻化感品系PI312777为基因供体与华南地区主要水稻品种‘华恢354’‘培杂64S’‘特华占35’和‘华丰占’等杂交，其中，华恢354×PI312777的抑草率比它们相应的父母本的抑草率显著提高。依据华恢354×PI312777的化感抑草特性并结合产量和综合农艺性状进一步选育，得到一系列综合性状好和抑草率明显优于化感基因供体PI312777的品系。这些选育的化感稻品系可以控制稻田大多数杂草，尤其是适当提高水稻移栽时叶龄、增加移栽密度和提高前期管理水层深度等栽培和生态调控措施，有利于提高化感稻控制杂草的效果。这样，第一个可在生产上使用的水稻化感新品种‘化感稻3号’于2009年通过广东省农作物品种审定委员会的水稻新品种审定，并于2015年获得国家作物新品种权证书。随后2014年成功育成化感籼型水稻温敏核不育系“化57S”，并由此不育系配组研发出一系列水稻化感新品系，其中两个杂交稻化感新组合‘N两优201’和‘化两优78’分别于2017年通过省级作物新品种审定，还有数个水稻化感品系正在参加省级作物新品种审定，预期未来几年将不断有水稻化感新品种或杂交组合通过审定。这些水稻化感新品种的选育成功为建立以种植水稻化感品种为中心，辅以必要的生态调控和栽培管理措施的稻田杂草控制新技术，为减少化学除草剂的为害奠定了坚实的基础，无疑会对水稻生产和稻田杂草控制产生深远的影响（图 3）。

选育可商业种植的水稻化感新品种并辅以必要的生态调控和栽培管理措施，已成为替代除草剂控制稻田杂草的重要策略。然

图 3　普通水稻品种和化感水稻品种抑制杂草对比

注：图片左侧为普通水稻品种，右侧为化感水稻品种

而，目前选育的水稻化感新品种的产量并不优于商业性种植品种的产量，这是水稻化感新品种难以通过审定的瓶颈问题。其实，水稻化感品种对杂草的抑制作用是其应对杂草竞争的化学防御策略，而这一化学防御必然需要能量。这样，如何尽可能减少作物化感品种的防御成本而将更多的能量用于产量是一个亟待解决的问题。幸运的是，近年发现的植物亲属识别为解决这一问题提供了新的思路。植物的亲属识别能够减少无意义的竞争和防御而将更多的能量用于繁殖，这样的生长策略与人类对水稻生物量分配模式的要求不谋而合。其实，在选育作物及其生产管理过程中一

直就不知不觉地在遵循亲属识别识原理，如水稻等作物的“理想株型（ideoty PE）”的理念，就是让作物减少竞争和消除植株冗余将更多的生物量用于繁殖而提高种子产量。因此，具有亲属识别的水稻化感品种在减少地下根系竞争的同时会降低防御性化感物质的合成释放，从而导致更多的能量分配到种子繁殖、以提高产量。同时，杂草胁迫导致的化感品种亲属间的合作行为也可以增强水稻化感品种对杂草的抑制效应。最新的研究已经显示，水稻化感品种可以依据亲缘关系调整竞争根系生长和分布，亲缘关系近的品种间减少根系生长，反之亲缘关系远的品种间则增加根系生长，这为进一步探讨植物亲属识别对水稻化感品种调控农田杂草的作用奠定了基础。

五、 应用实例和前景

植物种间和种内化学作用的研究在于揭示植物共存和群落构建机制及其自然的化学相互作用规律，进而能充分利用这些规律为人类服务。目前大量的人工合成化学品对农林生态系统的投入，带来一系列的经济、社会和环境问题，而植物的化学生态作用为解决这些问题提供了新的途径。

杂草对作物的为害众所周知，然而对一些杂草，只要阐明它们的化学生态学特征和相应的化学作用机制也可以“变害为宝”。马缨丹（*Lantana camara* L.）是热带亚热带地区可终年生长的灌木，常常入侵农林生态系统造成严重的为害，目前尚无有效的控制方法。有意义的是，马缨丹落叶在水体中可缓慢释放水杨酸和萜内酯化感物质，并在 20 ～ 25 天内达到足以抑制水葫芦

(*Eichhornia crassipes*) 和铜绿微囊藻 (*Microsystis aeruginosa*) 生长的有效浓度。水葫芦和铜绿微囊藻目前正严重危害南方淡水生态系统，化学方法治理往往影响水质和水生生物，人工打捞则治标不治本。于是，在河沟池塘周围在栽种马缨丹可以有效地控制水葫芦和铜绿微囊藻，实现“以毒攻毒”和“以草治草”的双重效果。

华南地区的柑橘园中往往引种杂草胜红蓟（*Ageratum conyzoides*），这不仅能改善柑橘园土壤和小气候，而且还能够有效地抵御有害生物。引种到柑橘园中的胜红蓟通过向土壤中释放胜红蓟素和黄酮等化感物质抑制柑橘园中杂草和病原菌的萌发和生长，而且化感物质胜红蓟素在土壤中存在着一个可逆的二聚化过程，正是这一聚合和解聚过程的存在，使得胜红蓟在柑橘园中能持续地抑制其他杂草和病原菌。同时，胜红蓟还通过茎叶和花向柑橘园中释放挥发性的化感物质。这些挥发物能吸引和稳定捕食螨（*Amblyseius* spp），显著地增加柑橘园捕食螨种群，从而使害螨红蜘蛛 (*Panonychus citri*) 的种群下降到非为害的种群水平。这不仅揭示胜红蓟—柑橘树—害虫—天敌—杂草—病原菌种间的自然化学作用关系，而且显示作物—害虫—天敌三营养链中的化学作用可以通过间作其他植物来实现。间种套作在中国有着悠久的历史，但绝大多数间种套作都是发生在不同作物之间，很少涉及杂草的间种套作，这一实例表明只要阐明农业生态系统中一些杂草的植物化学作用机制，就可达到利用这种自然的化学调控机制构建自身抗有害生物的农业生态系统（图 4）。

目前的有害生物控制仍以化学方法为主，大量人工合成农药的使用，不仅使杂草产生抗药性，也引起严重的社会和环境问题。

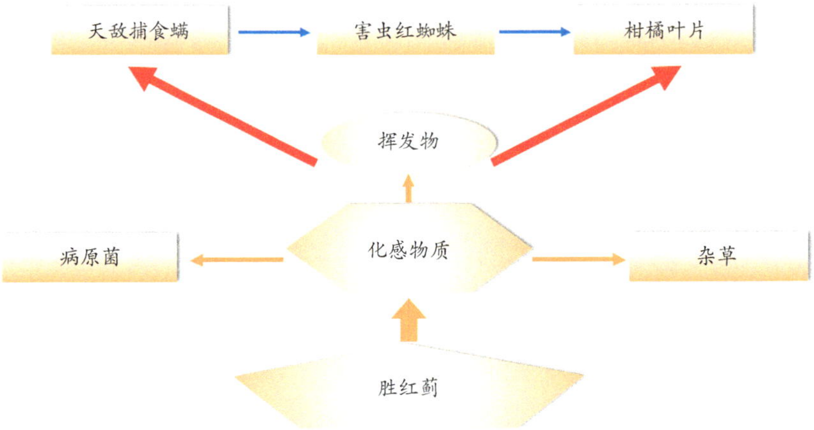

图 4　杂草胜红蓟化感物质介导的柑橘园有害生物自然化学调控

如果说 20 世纪农药的发明应用是科学技术对人类的一大贡献而又带来困扰的话，那么 20 世纪 70 年代兴起以探讨生物和生物、生物和环境间化学作用关系的新兴学科化学生态学，正是对这一困扰的反思。毕竟，对农林生态系统中有害生物的毒杀不是作物保护的目的，通过有效的调控方法将有害生物控制在非为害的种群水平，既能保护作物，又能维护生物多样性和生态环境的安全，保证农业的可持续发展。其实，植物间的化学作用是自然的生态现象，对其本质的探讨有助于加深植物种间和种内相互作用关系的理解和认知，但任何自然规律的发现和认识，最终都必须经过实践的检验并能够指导人类的实践活动。近年随着对植物种间和种内化学作用关系研究和认识的深入，其应用前景也越来越清晰。今后应当针对重要的农业生态系统建立并示范植物的自然化学调控技术，尤其是要注意地上和地下化学生态联系及其协同效应，构建自身可持续发展的农业生态系统。

主要参考文献

孔垂华，胡飞，王朋 . 2016，植物化感（相生相克）作用［M］. 北京：高等教育出版社 .

Bardgett R D, van der Putten WH，2014.Belowground biodiversity and ecosystem functioning. *Nature*［J］，515: 505-511.

Bais HP，2015. Shedding light on kin recognition response in plants［J］. New Phytologist, 205: 4-6.

Bertholdsson NO，2010. Breeding spring wheat for improved allelopathic potential. Weed Research, 50: 49-57.

Chen BJW, During HJ, Anten NPR，2012. Detect thy neighbor: Identity recognition at the root level in plants［J］. Plant Science，195: 157-167.

Copley J，2000. Ecology goes underground［J］. Nature，406: 452-454.

Dudley SA, File AL，2007. Kin recognition in an annual plant［J］Biology Letters，3:435-438.

Fitter A，2003. Making allelopathy respectable［J］. Science，301: 1337-1338.

Karban R，2015. Plant Sensing and Communication. Chicago, IL (USA): University of Chicago Press.

Kong CH, Chen XH, Hu F, *et al*，2011. Breeding of commercially acceptable allelopathic rice cultivars in China［J］.

PEst Management Science，67: 1100-1106.

Li YH, Xia ZC, Kong CH，2016. Allelobiosis in the interference of allelopathic wheat with weeds［J］. PEst Management Science 72: 2146-2153.

Meiners SJ, Kong CH, Ladwig LM, *et al*，2012. Developing an ecological context for allelopathy［J］. Plant Ecology，213: 1221-1227.

Murphy GP, Swanton CJ, Van Acker RC,*et al*，2017. Kin recognition, multilevel selection and altruism in crop sustainability[J]. Journal of Ecology，105: 930-934.

Semchenko M, Saar S, Lepik A，2014. Plant root exudates mediate neighbour recognition and trigger complex behavioural changes［J］. New Phytologist，204: 631-637.

Xia ZC, Kong CH, Chen LC, *et al*，2016. A broadleaf sPEcies enhances an autotoxic conifers growth through belowground chemical interactions［J］. Ecology，97: 2283-2292.

郭文善

郭文善，男，1961年生，汉族，中共党员，博士，教授，博士生导师，江苏姜堰人。1982年和1985年先后于江苏农学院农学系获学士和硕士学位；1997年于山东农业大学农学院获博士学位。现任扬州大学农学院党委书记、农业农村部小麦专家指导组组长、教育部教学指导委员会委员、江苏省现代农业产业技术体系（小麦）首席专家、江苏省首批品牌专业和国家级特色专业建设点农学专业负责人、扬州大学小麦研究中心主任；兼任中国作物学会理事、栽培委员会小麦学组副组长、江苏省作物学会副理事长、小麦专业委员会主任等。

长期从事作物栽培学与耕作学教学和科研工作，主讲《现代农业发展战略与热点》（博士研究生学位课程）、《作物优质高产理论与实践》（硕士研究生学位课程）、《作物栽培学》（本科生学位课程）等。先后和培养博士研究生和硕士研究生60余名，指导本科生近百名。参与讲授的本科生课程《作物栽培学》被评为江苏省一类精品课程、国家精品课程；多年改革创新的研究生培养模式“农科研究生多元分型四位聚合培养体系的创新与实践”获江苏省研究生培养模式改革成果二等奖；“‘三化驱动，能力导向’的农学人才培养体系创新与实践”获江苏省教学成果奖（高等教育类）二等奖。

在麦类作物产量品质生理与高产优质高效栽培、作物源库流理论及逆境生理和作物遥感监测等研究领域取得重要进展。先后主持国家自然科学基金、国家科技支撑计划、重点研发计划课题及部省级项目40多项，并获国家教委资助优秀年轻教师基金、教育部骨干教师资助计划和江苏省青年科技基金。发表研究论文160余篇，主编、合编著作8部，参编9部。作为主持人或主要完成人，获国家、省部级成果奖14项，其中“小麦籽粒品质形成机理及调优栽培技术的研究与应用”获国家科学技术进步奖二等奖、江苏省科技进步奖一等奖，“小麦产量生理调节机理及应用技术”获江苏省科技进步奖一等奖，“专用小麦品质栽培改良机理及其调控技术”获江苏省农业科技成果转化奖一等奖，“小麦高产稳产优质抗逆栽培技术集成与推广”获江苏省政府农业技术推广奖一等奖，“优质弱筋小麦生产技术体系的研究与开发应用”获农业部农牧渔业丰收奖一等奖，“小麦源库协调栽培途径与综合配套技术”获国家教委科技进步二等奖。

曾获中国青年科技奖、江苏省青年科技奖、中国农学会青年科技奖、全国农业科技推广先进个人、江苏省有突出贡献中青年专家、江苏省粮食生产突出贡献科技人员、江苏省高校优秀共产党员，享受国务院政府特殊津贴，是国家“百千万人才工程”第一、二层次人选和江苏省“333高层次人才培养工程”首批中青年科技领军人才人选。

稻茬小麦生产的主要问题与对策

郭文善

稻茬小麦因生态、生产条件的特异性，其群体建成和产量形成特性与旱茬小麦有所不同，制约因素也不同，因此优质高产稳产的栽培技术体系有异于旱茬小麦。

一、稻茬小麦生产概况

我国稻茬小麦6 000多万亩，占全国小麦播种面积近20%，主要分布在长江流域的江苏、安徽、四川、湖北四省及河南省的南部。江苏省小麦种植面积近3 300万亩，其中73%为稻茬小麦，稻茬小麦种植面积约占全国稻茬小麦的44%，是全国最大的稻茬小麦生产省。

江苏是全国重要的小麦主产省之一，近年来种植面积和总产均居全国第五位。小麦种植面积多时近3 600万亩，少时仅为2 400万亩，2017年为3 200多万亩。在江苏省粮食生产中，小麦种植面积占粮食作物的40%、总产占粮食作物的32%左右。“十一五”期间江苏省小麦总产量增加了42.2%，小麦增产占全省粮食增量的77.9%；“十二五”期间小麦增产仍占全省粮食增量的52.8%。因此，稳定发展小麦生产对确保江苏省粮食安全具有十分重要的意义。

“十二五”期间江苏省小麦种植面积稳中有增，单产水平稳步提高。2014 年全省平均单产历史首次超过 350kg/ 亩。2011 年大中农场高产攻关田测产达 689.9kg/ 亩，刷新了江苏省小麦当时单产最高纪录；2014 年高邮市高产攻关田稻茬小麦达 693kg/亩，新洋农场高产攻关田达 695.8kg/ 亩；2016 年江苏小麦首次出现亩产超过 700kg/ 亩高产田。

从江苏省各市 / 县单产水平来看，“十二五”期间先后有 54 个市 / 县平均亩产超过 400kg，2011 年首次出现亩产过 450kg 的县（海安县 459kg/ 亩）。2011 年，泰州市、扬州市小麦单产首次在省辖市中突破 400kg/ 亩；2012 年，徐州市、连云港市夏粮和小麦平均亩产首次均突破 400kg；2013 年、2014 年和 2015 年，泰州市小麦亩产连续突破 400kg。

农业农村部《全国种植业结构调整规划（2016—2020 年）》指出，要守住“谷物基本自给、口粮绝对安全”的底线，坚持有保有压，排出优先序，重点是保口粮、保谷物，口粮重点发展水稻和小麦生产，优化玉米结构，因地制宜发展食用大豆、薯类和杂粮杂豆。在小麦方面，应做到以下两点。

第一，稳定冬小麦、恢复春小麦。稳定黄淮海、长江中下游等主产区冬小麦。结合建立合理轮作体系，在东北冷凉地区、内蒙古河套地区、新疆天山北部地区等，适当恢复春小麦。到 2020 年，小麦面积稳定在 3.6 亿亩左右，其中冬小麦稳定在 3.3 亿亩。

第二，抓两头、带中间。“抓两头”，大力发展市场紧缺的用于加工面包的优质强筋小麦和加工饼干蛋糕的优质弱筋小麦。“带中间”，带动用于加工馒头、面条的中筋或中强筋小麦品质提升。江苏省长江两岸及沿海地区，土壤偏沙，雨水较多，蛋白质含量不高，为我国最好的弱筋小麦生产区；里下河地区及淮北南部地区为优质中筋小麦生产区，淮北北部地区可以生产优质强筋小麦。

二、江苏稻茬小麦生产的主要问题

江苏省稻茬小麦种植面积约占全国的 50%，而且江苏省小麦的 75% 是稻茬小麦，因此江苏省在稻茬小麦研究过程中具有较好的代表性。目前，江苏省稻茬小麦生产中主要存在以下 6 个问题。

（一）小麦难以适期播种

近年来，稻茬麦区推广的水稻品种大多生育期长、偏迟熟，且直播水稻面积较大、腾茬晚、季节紧，不利于稻茬小麦适期播种和提高播种质量。相比适期播种小麦，晚播会大幅减少产量。虽然晚播可以通过增加密度等来适当提高产量，但是仍然不能弥补生态产量的差异（图 1 和表 1）。

图 1　淮南地区越冬期正常叶龄（左）与偏小叶龄（右）小麦

表 1　不同收获期对稻麦产量分析（丹阳作栽站，2013 年）

收获期（月 / 日）	水稻实产（kg/ 亩）	小麦实产（kg/ 亩）	两熟合计（kg/ 亩）	比最高 ±
10/23	575.7	498.1	1 073.8	-48.9
11/3	635.4	488.2	1 123.6	ck
11/13	645.9	468.1	1 114.0	-9.6
11/23	648.3	384.7	1 033.0	-90.6
12/3	640.2	319.3	959.5	-164.1

（二）土壤耕作环境有待进一步改善

土壤土质黏重（图 2）、耕种困难，水稻秸秆全量还田与小麦播种质量和壮苗矛盾突出。

图 2　土质黏重土壤

（三）小麦品种布局有待进一步优化

种植品种多乱杂，大品种较少，种植 5 万亩以下的小品种较多。

（四）肥料运筹需进一步优化

现阶段肥料施用存在的突出问题是春季用肥过早过多，拔节、孕穗肥施用不科学。据统计，获得同样产量，江苏省稻茬小麦施肥量高于山东和河南的旱茬小麦。

（五）防灾减灾能力还需进一步提升

近年来极端性天气频发，导致局部性与区域性灾害发生常态化。江苏省小麦生长季节干旱、湿害、冻害、后期高温逼熟、穗发芽等逆境几乎每年都有不同程度发生。此外，倒伏、病害、草害对小麦生产为害也较为严重（图 3 和图 4）。

针对以上存在的问题，一方面需要进一步改善农田灌排等生产条件，提高抗灾能力，同时积极主动应对的认识也有待提高，科学应对能力有待进一步提升；另一方面产量水平提高与气象条件改变后病虫草的发生规律与防治对策也有待进一步探索。

图 3　湿害、干旱及冻害

图 4　病害

（六）小麦品质难以适应市场需求

从 2015 年中国小麦质量报告可以看出，江苏省淮南麦区小麦不同品种间蛋白质含量差异较大，且相同品种在不同生产条件下蛋白质含量也有较大变幅（表 2）。小麦品质的不稳定亟需解决。

表 2　2015 年江苏省淮南地区小麦品质

品种	GPC (%)	平均 GPC（%）
宁麦 13	11.94 ～ 14.70	13.11
宁麦 14	12.82 ～ 13.22	13.02
苏科麦 1 号	11.70 ～ 13.41	12.56
扬辐麦 4 号	11.60 ～ 15.06	13.44
扬麦 13	11.88 ～ 14.55	13.06
扬麦 15	11.34 ～ 13.18	12.26
扬麦 16	10.82 ～ 15.76	13.87
扬麦 20	11.62 ～ 14.44	13.19
郑麦 9023	11.67 ～ 15.92	14.26
淮麦 20	13. 55 ～ 13. 96	13. 75

注：根据 2015 年中国小麦质量报告整理

综上所述，稻茬小麦生产中主要限制因子包括：水稻腾茬晚，小麦难以适期播种；土壤土质黏重、耕种困难，水稻秸秆全量还田与小麦播种质量和壮苗矛盾突出；施肥不够合理，肥料运筹仍需优化；灾害频发，抗逆应变能力仍需提升。

三、高产栽培途径抉择

（一）以适宜的基本苗实现最佳穗数

江苏省提出的小麦高产途径之一是要以适宜的基本苗来实现最佳的穗数。适宜穗数应当在播种时根据品种阶段发育类型与栽培特性、土壤肥力、产量指标、播种期及气候条件等确定合理基本苗数基础上，通过培育合理的茎蘖动态、提高茎蘖成穗率来实现。培育过程可分为：有效分蘖可靠叶龄期前促进植株生长；无效分蘖叶龄期至拔节控制生长；拔节至孕穗期促进生长3个时期。

高产群体的茎蘖动态需要在确定合理基本苗数基础上，加强播后管理，促进早蘖、大蘖的发生与生长。在满足穗数的前提下，应尽可能减少基本苗，提高分蘖穗的比例，尤其提高3穗、4穗以上植株的比例（春性品种），减少1穗、2穗株的比例，改善穗群组成，提高单穗和穗群的总库容量和生产能力。

（二）以减少小花退化数为重点提高每穗结实粒数

提高每穗结实粒数的关键是减少小花退化，增加可孕小花数。

（三）以防早衰为中心提高粒重

小麦籽粒产量的90%以上来自光合作用的产物，而来自土壤中的无机盐类不足10%，因此提高小麦产量的根本途径是提高对光能的利用率，提高生物产量与经济系数。小麦籽粒产量大部分来自开花后的光合产物，且随着花后干物质积累量的增加而提高。因此，小麦产量水平的高低主要决定于群体花后光合生产能力。保持后期较大的绿叶面积、维持叶片较高的光合功能是实现高产的重要基础。

四、稻茬小麦生产的主要技术

江苏省稻茬小麦的主要种植技术可以概括为6个字：精种、调肥、抗逆。

（一）精种

1. 播种方式

水稻收获之后的播种方式主要包括以下几种。

（1）耕—耙（旋）—播

在水稻收获时将稻草切碎并铺匀，耕地，耙田最后播种，同时开沟或者播种之后再开沟（图 5）。

（2）稻草离田，免（少）耕机条播

图 5　“耕—耙—播”播种方式

将收获后的稻草用作饲料、食用菌基质等，或收集用于蔬菜生产。稻草离田之后配合机条播一次作业，旋地、施肥、播种、镇压一次完成（图 6 和图 7）。

（3）碎草匀铺—深旋还田—机械播种，碎草匀铺—机械播种

图 6　稻草离田

图 7　稻茬免（少）耕机条播技术

水稻收获时将稻草切碎并铺匀，若不碎或者留茬过高，可以用粉碎机粉碎后深旋还田（图8），再进行播种。如果条件适宜能保证播种质量，也可在碎草匀铺后直接机械播种。

（4）带状条播技术

图8　碎草匀铺—深旋还田

秋播时雨水过多或水稻断水过迟，土壤过湿，传统的条播机难以达到播种质量要求，可采用带状条播机播种，实现土壤含水量较高条件下的机械均匀播种（图9）。

此外，还有稻田套播麦技术和稻板茬免耕直播技术。

图9　带状条播机

2.秸秆还田方式与播种方式比较

秸秆还田对小麦产量及产量结构具有显著影响，播种方式显著影响出苗率和出苗均匀性。

稻茬小麦播种质量要求可概括为：播深适宜、深浅一致、出苗均匀、苗量合理。播种质量的关键是秸秆还田质量、播种均匀度、播种深度、土地利用率。稻茬小麦在耕播技术上要求：及时断水、成熟即收、碎草匀铺、深旋（耕）还田、机械匀播、适墒镇压。

（二）调肥

1. 稻茬小麦吸氮特性

同旱茬小麦相比，稻茬小麦收获相同产量需要施更多的肥料。玉米茬处理籽粒产量和氮肥偏生产力高于稻茬处理；同样施氮量下，施用 1kg 氮肥，稻茬小麦增产能力低于旱茬小麦（表 3）。前茬为玉米的小麦植株的吸氮能力高于前茬为水稻的小麦，氮素转移量、转移效率及转移氮素对籽粒贡献率均高于稻茬处理，更有利于小麦籽粒氮素积累。

稻茬小麦高氮肥利用率群体在生育中后期具有较高植株氮素营养水平，氮素吸收与积累增加，有利于促进氮素向籽粒的运转，

表 3　茬口和施氮量对小麦增产能力的影响

前茬	处理	籽粒产量（kg/hm^2）	玉米茬比稻茬增产量（kg/hm^2）	百千克籽粒吸氮（kg）	氮肥偏生产力（kg/kg）	玉米茬比稻茬偏生产力增长量（kg/kg）
水稻	N0	4 561f		2.90b		
	N180	6 904d		2.79bc	38.36a	
	N240	7 145b		2.94b	29.77b	
	N300	6 963c		3.29a	23.21c	
玉米	N0	4 643e	82	2.87bc		
	N180	6 946cd	42	2.82bc	38.59a	0.23
	N240	7 257a	112	2.99b	30.24b	0.47
	N300	7 107b	144	3.29a	23.69c	0.48

有利于延缓花后光合面积衰减及叶片衰老、增强光合物质生产能力，实现氮肥利用率与籽粒产量的同步提升。

播期、密度与氮肥等不同栽培因子对氮效率的调控也不尽相同，氮素的处理即氮肥运筹以及肥料的种类均影响氮肥的利用率。

2.稻茬小麦高效施氮技术

通过综合分析不同施氮量条件下产量、肥料利用率和经济效益，提出适宜的施氮量。

中筋、强筋小麦亩产500kg，需施氮14～16kg/亩；亩产600kg，需施氮16～18kg/亩；氮肥施用比例宜采用基肥∶壮蘖肥（或平衡肥）∶拔节肥∶孕穗肥为5∶1∶2∶2的运筹方式；大面积生产中可采用基肥∶壮蘖肥（或平衡肥）∶拔节肥为5∶1∶4；在土壤肥力高、适当降低施氮量条件下（12～14kg/亩）亦可采用基肥：壮蘖肥（或平衡肥）∶拔节肥∶孕穗肥为3∶1∶3∶3的运筹方式。弱筋小麦（400kg/亩）一般掌握总施氮量12～14kg/亩，以基肥∶平衡肥∶拔节肥为7∶1∶2的氮肥运筹方式为宜。

（三）抗逆——及时采用抗逆应变技术

应针对小麦生产中常出现的干旱、湿害、冻害、后期高温逼熟等灾害及时采用抗逆应变技术，并做好小麦病虫草害无公害防治。

1.综合防治麦田病虫草害

对病虫防治要及时用药、用对药剂、足量用药，当前白粉病、纹枯病主要是防止过迟防治，赤霉病主要是打药时间要科学。要突出强化“一喷三防”工作。麦田杂草要以秋季化除为主、春季补除。

2. 防湿抗旱

淮北以旱为主，旱中有涝；淮南沿江多雨，以渍为主，渍中有旱。降水量分布的不均衡性，要求注重灌排技术的综合运用。

3. 防御冻害

一般拔节期发生冻害，及时施用尿素可以将损失降低，如果孕穗期发生冻害，施肥后仍可挽回一定的损失。每亩用种量用矮苗壮 10 ～ 15g 兑水 1.5kg 拌种等措施可有较好的防止苗期冻害发生的效果。春后对主茎和大分蘖幼穗冻死率超过 10% 以上的麦田要及时追施恢复肥以争取动摇分蘖和后生高节位分蘖成穗，挽回产量损失。

4. 防倒伏

江苏省小麦晚播群体大，造成倒伏风险居高不下。预防倒伏的主要措施有：选用耐肥、矮秆、抗倒的高产品种；采用矮壮丰拌种；合理安排基本苗数，提高整地、播种质量；根据苗情，合理运用肥水等促控措施，使个体健壮、群体结构合理；如发现旺长应及早采用镇压、培土、深中耕等措施，达到控叶控蘖蹲节；群体较大田块于拔节初期（2 月底或 3 月初）可用矮壮丰 50g/亩或 15% 多效唑可湿性粉剂 50 ～ 70g/ 亩进行叶面喷雾，均匀喷雾，不可重喷。

总体来说，江苏省的栽培技术体系可以概括为“因茬、因墒、因种、因苗、因逆（境）”的“五因”栽培技术。即因腾茬早晚确定小麦播期与播量和选用相应的技术体系；因土壤墒情和播期选择合适的播种方式；因品种生态型、品种特性、专用类型，确定播期、播量、施肥量和运筹比例；因个体健壮程度、群体变化特性调整施肥策略；因逆境发生状况及时准时运用不同的减灾、避灾和缓解措施，促进苗情转化。实现“低产变高产，高产更高产，逆境能稳产”的目标。

汪黎明

汪黎明，男，1964 年 1 月生，博士，山东省农业科学院玉米研究所研究员，兼任中国作物学会理事、山东省农业专家顾问团玉米专家。荣获全国粮食生产突出贡献农业科技人员、山东省有突出贡献中青年专家、山东省千名知名技术专家称号。

长期从事玉米遗传育种研究，先后主持联合国开发计划署援华玉米育种项目、“九五”全国育种攻关专题、“十五”“863 计划”玉米育种重大专项、农业结构调整项目、国家重点研发计划课题和山东省农业良种工程等 20 余个项目（课题）。在普通玉米、糯玉米、甜玉米、优质蛋白玉米育种方面取得了较大成绩，先后育成和发放各类（普通玉米、糯玉米、优质蛋白玉米）玉米优良自交系 40 多个，育成审定杂交种‘鲁单 981’‘鲁单 9002’‘鲁单 984’‘鲁糯 6 号’等 20 多个。荣获国家科学技术进步奖二等奖1项、山东省科学技术进步奖一等奖2项、农业部科技进步二等奖1项。

在省级以上刊物主笔及合作发表研究论文60余篇。主编《中国玉米品种及其系谱》《中国玉米栽培学》，参编《山东玉米》《食用玉米研究进展》《玉米育种研究进展》《优质蛋白玉米》等科技著作。

新形势下玉米生产和种业发展及育种目标思考

汪黎明

一、高库存和低价位下玉米生产特点变化

2015 年全国玉米播种面积为 5.5 亿亩，单产约 400kg/ 亩，总产约 2.2 亿 t。当年库存约 2.5 亿 t，去库存压力巨大。中国的玉米产量和消费本应处在一个紧平衡状态，由于大量进口饲料的冲击才出现高库存现象。尽管直接进口玉米不多，但 2015 年我国进口玉米干酒糟（DDGS）700 万 t，进口大麦、高粱、木薯等玉米饲料替代品 1 400 万 t。2017 年我国进口大豆 9 554 万 t，创造了最新纪录。大豆除了榨油外，大部分副产品是饲料。因此，对我国玉米生产造成影响的主要是进口大豆、干酒糟等饲料替代品。

玉米高库存的另一个后果是价格低迷。2015 年以后，国家对传统三大粮食作物进行细分，水稻、小麦作为口粮，国家继续给予托市价格补贴，而玉米作为饲料作物失去政策扶持，价格从高峰期 2.50 元 /kg 跌落到 1.60 元 /kg，已经低于成本价。我国夏玉米种植全成本（含劳动力）约 900 元 / 亩，如按照亩产 450kg/ 亩、单价 1.60 元 /kg 计算，则农户每种植 1 亩玉米亏损 180 元（不含补贴）；若是流转的土地，每亩加上一季的土地流

转成本500元，则承租户亏损严重。由于玉米价格低迷，影响了土地流转和托管进程。要解决农产品价格问题，需要降低土地成本、劳动力成本和积极推进机械化。仅靠低廉的土地产出，无法满足农村美好生活需求。我国农村目前面临的突出问题，实质是养老问题。我们不妨从另一方面来探讨土地问题，即政府可以考虑回购65岁以上农民的土地，给予每人每月300～500元生活补贴（农民自愿原则）。政府将回购土地低价或补贴提供给种粮大户，降低土地成本和人工成本，推进全程机械化，以保障粮食安全。当前实现玉米去库存的主要途径如下。

（一）限制进口

国家应当加强替代谷物进口的管理，对进口干酒糟开展反倾销调查。在外方发起贸易战之时，减少大豆进口。总体而言，适当的贸易保护措施对我国农业生产是有利的。

（二）适度减少籽粒玉米生产面积

农业农村部已经提出，在“镰刀弯”地区缩减5 000万亩籽粒玉米面积。

（三）发展青贮玉米和鲜食玉米

玉米并非口粮作物，其产量的70%最终还是用作饲料。如果把一部分普通籽粒玉米直接改种青贮玉米，不仅可以提升饲养效益，还可以提升奶制品和肉制品的品质。山东奶牛存栏量约100万头，每头奶牛每年消耗3亩青贮饲料，加上肉牛和肉羊消耗，需发展青贮玉米500万亩。2015年9月笔者去平原县调研，青贮玉米每亩的生物产量3.5～4t。按青贮玉米饲料田间收购价300元/t计算，每亩收入约1 000～1 200元。此外，山东也应适度发展鲜食糯玉米和加工用糯玉米。

二、国外先进玉米育种技术吸收与借鉴

（一）精准的分子标记辅助育种技术

目前国外主要采用的是 SNP（单核苷酸多态性）技术。美国先锋种子公司 2004 年开始 SNP 标记技术的产业化开发，2009 年大规模应用于玉米、大豆等作物分子辅助育种。先锋公司总部分子实验室常用 SNP 标记有 3 000 个左右，并根据全世界及公司内部相关研究结果不断用更合理的标记更新标记库。SNP 标记分析完全实现自动化、智能化。从自行设计制造的籽粒激光切削取样、DNA 提取、引物加注、PCR 扩增，到数据读取、储存、生物信息分析，都是全程现代化的流水线设备。DNA 日提取能力和分子标记数据处理能力达到 20 万个样品，可以满足其 100 多个试验站育种材料的基因筛选需求，保证后代材料能够在播种前都进行一次室内分子检测。

（二）高效的单倍体育种技术

20 世纪 50 年代，美国遗传学家 Ed Coe 培育了玉米单倍体（DH）诱导材料 Stock6，并将它导入籽粒紫色 Navajo 标记的 *R-nj* 基因和叶鞘紫色标记的 *ABP1* 基因，根据无色胚表型对单倍体籽粒作初步判断。在田间根据植株无紫色标记对单倍体植株作进一步判断，从而使单倍体诱导成为有效的育种技术。单倍体育种已经成为美国先锋、孟山都等公司成熟的技术体系，目前育成的自交系大约 80% 以上为 DH 系。而我国单倍体诱导育种开展较晚，只有部分科研单位、大学和公司开展单倍体诱导育种，规模小、技术体系不完善。美国玉米诱导系单倍体诱导率在 10% 左右，而

我国仅在 5% ～ 8%。

从技术平台建设和作用来看，国际种子大公司已经将分子标记、基因工程、生物信息分析、单倍体育种等高新技术实现了自动化、规模化和模块化应用，全面实施了分子辅助育种，实现了电脑虚拟育种代替部分田间育种工作，进而加快了选育进程，提高了育种效率。国内大型企业、科研院校可以建立公共的分子标记、基因工程、单倍体诱导平台，对种子企业和育种家开放。

（三）国外商业化育种模式借鉴

美国玉米种子的科研、生产、营销水平处于国际领先地位，玉米育种工作大多由公司承担，从事玉米育种的主要是先锋种子公司、孟山都公司以及少数中小型公司。严格的专利和品种权保护制度，促进和保护了企业的投资热情。先锋公司和孟山都公司每年的研发投入都在 10 亿美元以上（占其销售收入的 10%）。

国外公司商业化育种模式是：大规模组配、大规模测试、流水线作业。每年要组配数千个新的基本材料；每年的分离材料有 20 万～ 50 万份；育成的稳定自交系有 3 万个以上；测交的组合数在 50 万个；第 1 年鉴定后，要初选出组合 2 万～ 5 万个。每年育种小材料地（育种圃）100 万～ 200 万行，鉴定组合行数 200 万～ 400 万行。如按每亩能够种植 200 行计算，则育种圃 5 000 ～ 10 000 亩试验地，鉴定圃 1 万～ 2 万亩试验地，育种规模相当于我国十多个省级玉米研究所之和。公司育种目标非常注重市场需求和品种育成后的商业前景，育种目标不是由育种家单方确定，而是由育种家结合推广专家、测试专家、营销专家的意见共同商定。

总体而言，我国种业与美国种业的差距不仅体现在技术，也体现在育种体系和创新机制上。我国种业公司育种投入比较低，有60%的企业研发投入占销售收入百分比低于1%，30%企业介于1%～5%，而研发投入占销售收入高于5%的企业仅占10%。育种实力的竞争，其实是资本竞争、科技竞争和人才竞争。我国种业需要大资本的进入，才能从根本上有所改观。

三、我国种业管理新政对种业的影响

大力推进现代农作物种业发展，加强种业科技创新，培育和推广优良品种，已成为加快转变农业发展方式、提高农业现代化水平、提升农业国际竞争力的迫切需要。我国已经把种业定位为国家战略性、基础性核心产业，作为保障粮食安全和主要农产品有效供给的关键举措。国务院专门制定了《关于加快推进现代农作物种业发展的意见》，出台发布了《关于深化种业体制改革提高创新能力的意见》。全国人大常委会颁布了新修订的《中华人民共和国种子法》，农业部修订了农作物品种审定办法，农作物种业发展迎来了新的机遇。国家支持科研院所重点开展基础性、前沿性和应用技术等公益性研究。鼓励种子企业与科研院校合作构建技术研发平台，充分利用公益性科研成果。

在完善品种区试和审定机制上，允许育繁推一体化企业开展品种绿色通道试验，自行组织区域试验。未达到育繁推一体化资质的，可以成立科企单位联合体，自行安排区域试验。国家放宽了同一生态区引种备案要求，允许品种单位自行安排引种试验，进行备案。对于鲜食玉米、青贮玉米等特用玉米，允许育种单位自行安排区域试验。绿色通道试验、联合体试验、引种备案制度是我国品种审定制度的重大变革，是品种审定制度向登记制度变迁的一种过渡方式，是实现商业化、工厂化育种的制度保证，企业应当很好利用这一政策。

我国从事玉米育种科研单位较多，技术力量雄厚。我国多数种子企业开展育种工作晚，缺乏人才与资源，企业的实力与条件还无法支撑大规模商业化育种所必须的高额投入。现阶段要推进商业化育种，科企合作是最好的选择途径。这样可以充分整合人才、技术和物力资源，避免人才和资源的流失与浪费。企业可以采取灵活多样的创新人才引进机制，如资源交流、访问讲学和兼职工作等方式，实现种业创新人才向企业集聚。

四、新形势下玉米育种目标调整

（一）黄淮海地区玉米杂交育种中当前存在的突出问题

一是缺乏早熟、耐密、高抗、适宜机械化、配合力高的优异种质资源。

二是育种技术相对单一，优异性状聚合度差、效率低，诱变育种、单倍体、分子标记、基因工程等生物育种技术与常规育种技术结合少，缺少成熟高效的杂种优势利用技术体系。

三是缺乏对强优势杂交组合产量、品质、抗性的综合评价体系，难以解决杂种优势不同年份、不同地区表现不稳定的现象。

针对上述问题，结合产业发展趋势，黄淮海地区玉米育种的目标是，充分挖掘利用国内外优良育种材料，兼顾小麦—玉米一年两季生长需求，改良创新主要杂种优势群核心种质，优化杂种优势模式；创制双高双抗（配合力高、制种产量高、抗病、抗倒）

自交系；选育早熟、耐密、抗倒伏、抗茎腐病和粒腐病、籽粒脱水快、收获时籽粒含水量低于28%、优质绿色、宜机械化生产的优良玉米新品种。

（二）采用的关键技术

一是分子标记技术利用研究。针对高光效、籽粒脱水快、抗病、耐旱、耐盐碱等高产与抗逆目标性状，开展目的基因精细定位和克隆，开发出紧密连锁标记或功能标记。同时，利用分子标记技术对育种基础材料进行遗传多样性和杂种优势群分析。

二是高效单倍体育种技术创新利用。创制玉米单倍体诱导系，挖掘出高诱导率且农艺性状优良的新诱导系，优化单倍体加倍技术，提高玉米单倍体育种效率。

三是优异种质创制和新品种培育。整合杂种优势预测、分子标记技术、高效单倍体育种技术及强逆境、高选择压力等常规育种技术，形成高效玉米杂种优势利用技术体系。利用创制的丰富变异材料，从中筛选出具有优良变异性状的突变体材料，结合分子标记选择、生物和非生物逆境胁迫，加速优异基因资源的聚合，培育出早熟、耐密、抗倒、抗逆（抗茎腐病和粒腐病、抗锈病、耐高温、耐盐碱等）优异玉米自交系。围绕优质绿色、高产稳产、耐密抗倒、适宜机械化等育种目标，鉴定选育出配合力高、综合抗性好的强优势组合，为农业生产源源不断提供优良玉米新品种。

柯卫东

柯卫东，男，1963年生，武汉市农业科学院蔬菜研究所副所长，研究员，专业技术二级岗位，国务院政府特殊津贴专家，农业农村部行业计划、科技部“十二五”科技支撑计划水生蔬菜项目首席专家，农业农村部“十三五”国家特色蔬菜产业技术体系莲藕品种改良岗位科学家，第四届全国杰出专业技术人才奖获得者，曾获国家科学技术进步奖二等奖等。

我国水生蔬菜科研与生产发展概况

柯卫东

我国传统水生蔬菜有十多类，主要包括莲、茭白、芋、荸荠、菱、慈姑、水芹、蕹菜、芡实、莼菜、蒲菜、豆瓣菜、蒌蒿等，全国种植面积在 1 300 余万亩，年总产值 650 亿元。水生蔬菜是我国的传统蔬菜，不仅是经济作物，也是文化植物，在世界上独具特色，在调整我国农业产业结构、增加农民收入、改善人们生活、保护湿地资源、改善和美化生态环境、传承农业文明等方面都发挥着重要作用。

水生蔬菜栽培和消费具有明显的区域性。经过多年的发展，我国水生蔬菜已形成了以长江流域为核心，珠江流域、黄河流域为主产区，辐射全国的格局。山东省是我国北方水生蔬菜面积最大的省份，在我国水生蔬菜产业中有重要作用。

一、我国水生蔬菜研究与生产简史

（一）奠基阶段

从 20 世纪 50 年代开始，以江苏农学院为主的老一辈水生蔬菜专家曹侃、赵有为等开始研究水生蔬菜，为我国水生蔬菜的研究奠定了坚实基础。

（二）起步阶段

20 世纪 80 年代开始，随着国家对水生蔬菜的重视，农业部下达了江苏、湖北、浙江三省的水生蔬菜协作项目，重点研究莲藕和茭白的新品种选育与栽培技术。同时，中国科学院武汉植物研究所开始了莲研究，我国子莲传统省份湖南、江西、福建等地开始子莲的新品种选育工作，湖北武汉等地开始了水生蔬菜种质资源的收集工作。

（三）发展阶段

1990 年，由农业部批准的国家种质武汉水生蔬菜资源圃在武汉市蔬菜科学研究所挂牌成立，标志着我国水生蔬菜研究与生产进入新的发展时期。20 世纪 90 年代初，武汉市蔬菜科学研究所选育的鄂莲 1-4 号莲藕新品种比传统地方品种增产 30% ～ 50%，这些新品种在全国的推广，极大促进了我国莲藕产业的发展，并带动其他水生蔬菜的发展。1999 年，武汉市蔬菜科学研究所的“水生蔬菜种质资源的征集、评估与应用研究”科研成果获得国家科学技术进步奖二等奖，标志着我国水生蔬菜研究和生产获得国家关注。

（四）快速发展阶段

进入 21 世纪以来，农业部、科技部相继下达国家农作物种质资源保护项目、国家自然科技资源共享平台项目，在加强种质资源收集保护的同时，促进了育种和生产的发展。2007 年中国园艺学会水生蔬菜分会获批成立，截至 2015 年，共组织召开全国水生蔬菜学术交流会 8 次。通过几十年的发展，我国水生蔬菜种质资源保护、发掘创新与利用、育种、栽培、病虫害防治、保鲜与加工等方面取得一大批成果。

二、水生蔬菜科研和生产队伍简述

2000年以前，我国从事水生蔬菜科研的单位及高校主要分布在湖北、江苏、浙江、江西、福建、湖南等省，总数不足10家。经过十几年的发展壮大，目前已发展到30多家，各单位建立起良好的科研平台，其中，国家级平台近10个、省部级平台20多个。不仅长江流域和珠江流域的研究队伍得到壮大，而且黄河流域也有单位加入到水生蔬菜研究的行列。2013年，山东省农业科学院依托山东省水稻研究所成立了山东省农业科学院水生生物研究中心，专门开展水生蔬菜研究。另外，当地政府和农业推广部门也高度重视水生蔬菜的发展，形成了一支实力雄厚的水生蔬菜推广队伍。同时，各地还成立了各具特色的水生蔬菜农民专业协会、合作社等。

三、我国水生蔬菜特色产区概述

莲藕是我国水生蔬菜中栽培面积最大的作物，国内除西藏、内蒙古、甘肃等省外，其他省均有种植，总面积在800万亩左右。近年来，黄河流域莲藕发展较快，据统计山东莲藕种植面积已达80万亩。子莲全国种植面积在160万亩左右，主要分布湖北、江西、湖南、福建、浙江等省。茭白全国种植面积在85万亩左右，主要分布在浙江、安徽、江苏、江西、湖北等省。荸荠全国种植面积75万亩，主要分布在广西（广西壮族自治区，全书简称广西）、安徽、湖北、浙江等省。芋头全国种植面积160万亩，主要分布在福建、山东、广西等省区。蕹菜全国各地都有栽培，水蕹在我国西南地区栽培较多。水芹全国栽培面积4万亩，主要集中在江苏、安徽等省。芡实全国栽培面积15万亩，主要栽培地区有江苏、江西、湖北等省。菱角在长江中下游地区多有栽培，如浙江嘉兴，江苏姜堰，湖北洪湖等地。山东微山湖和东平湖有一定面积的野生芡实、菱角，同时也有小规模栽培。

四、水生蔬菜种质资源保存与研究

（一）种质资源保存

我国有意识地收集保存水生蔬菜种质资源始于20世纪80年代初期。1986年农业部下达“水生蔬菜种质资源征集、保存及鉴定”项目，武汉市蔬菜科学研究所开始系统收集保存水生蔬菜种质资源，1990年挂牌设立“国家种质武汉水生蔬菜资源圃”，至今已收集保存13类水生蔬菜种质资源2 000余份，成为我国保存水生蔬菜种质资源种类、类型和数量最丰富的单位。同时，我国主要的水生蔬菜科研单位也开展了种质资源的收集和保存工作，如中国科学院武汉植物研究所（莲）、江西省广昌白莲科学研究所（子莲等）。山东省水稻研究所（山东省农业科学院水生生物研究中心）也建立了以莲为主的资源圃。

（二）种质资源研究

经过30多年的努力，我国水生蔬菜种质资源研究取得重大进展。武汉市蔬菜科学研究所编著水生蔬菜种质资源数据标准和描述规范丛书10部，制定莲藕、茭白、芋等主要水生蔬菜种质资源鉴定评价规范行业标准6部。这些规范和标准基本构建了我国水生蔬菜种质资源的鉴定评价技术体系，成为我国水生蔬菜种质资源研究的基础性文本。我国第一部水生蔬菜资源专著《中国水生蔬菜种质资源》也得以出版。依照规范和标准，系统开展种质资源鉴定评价，获得大量基础性数据，并提交国家自然科技资源共享平台，显著提高了我国水生蔬菜资源利用效率。

通过发掘创新，筛选出极早熟藕莲、高淀粉藕莲、高产藕莲、极晚末花期花莲、极早熟茭白、高淀粉芋、高淀粉荸荠等一批优异种质资源，并已在科研和生产上发挥了重要作用。同时，通过鉴定评价，对我国莲、茭白、芋、水芹等主要水生蔬菜的园艺学分类进行了修订或补充，取得了一批科学理论成果。

五、水生蔬菜育种

（一）育种方法

2000 年之前，只有莲、蕹菜采用杂交等有性育种技术，而芋、荸荠、慈姑、水芹、莼菜等作物主要依赖自然变异进行新品种选育，品种更新速度缓慢。近年来，水生蔬菜育种方法取得了重要进展。

1. 杂交育种研究

武汉市蔬菜科学研究所通过对芋、荸荠、慈姑、莼菜、菱角的传粉生物学及种子生物学的研究，明确了芋、荸荠、慈姑、莼菜的繁育系统为异花授粉为主，兼具少量自花授粉，并掌握了这些作物的种子发芽方法。通过以上研究，掌握这些作物的人工杂交育种方法。苏州市蔬菜科学研究所开展了芡实、水芹的杂交育种研究，并选育出新品种。

2. 茭白—黑粉菌关系研究

中国计量学院开展的茭白黑粉菌人工接种的成功，为通过黑粉菌人工接种方式选育茭白新品种成为可能，是茭白育种研究中的重大突破。

3. 诱变育种研究

（1）江西省广昌县白莲科学研究所用 γ 射线处理‘鄂子 1 号’，从中选育出‘赣辐 86’新品种；1994 年进行空间诱变育种研究，成功培育出‘太空 3 号’‘太空 36 号’等子莲优良品种；以‘桂蹄 2 号’组培苗为诱变材料，利用钴 -60 辐射选育出荸荠新品系‘桂粉蹄 2 号’。

（2）江西省广昌县白莲科学研究所通过低能离子注入技术进行生物物理诱变，选育出‘京广 1 号’‘京广 2 号’两个子莲新品种。

（3）通过茎尖组织培养产生的变异，广西壮族自治区农业科学院生物技术研究所选育出‘桂蹄 2 号’‘桂蹄 3 号’；芋头、慈姑、茭白等水生蔬菜诱变育种也正在开展。

4. 分子标记辅助育种研究

中国科学院武汉植物园、武汉大学、武汉市蔬菜科学研究所等单位利用不同群体构建了莲遗传图谱。如武汉市蔬菜科研所通过“满天星”子莲和“巨无霸”藕莲及其F2分离群体的高通量测序，获得由 791 个共分离标记（含 8971 个 SNP 位点）组成的高密度遗传图谱。

（二）新品种选育

20 世纪 80 年代以后，我国真正开始开展以莲、茭白为主的水生蔬菜新品种选育工作。20 世纪 90 年代以后，进入新品种选育的快速发展阶段。经过 30 多年的发展，新品种选育取得显著成绩。据初步统计，截至 2016 年，我国人工选育的水生蔬菜新品种达 60 个以上，其中，莲藕 13 个、子莲 14 个、茭白 19 个、芋 6 个、荸荠 6 个、芡实 4 个、水芹 3 个、慈姑 2 个、蕹菜 1 个等。

由武汉市农业科学院蔬菜研究所选育鄂莲系列新品种（鄂莲 1 ～ 10 号）实现了早、中、晚熟配套，进行了 2 次换代，亩产一般在 2 500 ～ 3 000kg，成为目前我国各地莲藕的主栽品种。江西广昌白莲科学研究所选育的子莲新品种‘太空 3 号’‘太空 36 号’，因鲜食甜嫩而在湖北、江西等地广泛种植。福建建宁县莲籽科学研究所选育的子莲新品种‘建选 17 号’‘建选 35 号’，以其籽大粒实成为加工通心莲的特优品种。武汉市蔬菜科学研究所选育的鲜食品种‘满天星’单粒大、心皮多、产量高。金华市农业科学研究院、浙江农业大学、浙江省农业科学院、武汉市蔬菜科研所单位选育“浙茭系列”“金茭系列”“鄂茭系列”等新品种产量高，早、中、晚熟配套，是我国目前茭白的主栽品种。广西壮族自治区农业科学院生物研究所选育的‘桂蹄 1 号’（鲜食型）、‘桂粉蹄 1 号’（加工型）等产量高，每亩产量在 2 500 ～ 3 500kg。

（三）微型种苗繁育技术

以微型藕、荸荠组培脱毒种苗为代表的水生蔬菜脱毒种苗和微型种苗繁殖技术，改变了传统种苗繁殖方式和用种方式，显著提高了种苗的繁殖效率和种苗质量，降低了种苗成本。

1. 莲藕组培快繁与微型种苗

武汉市蔬菜科学研究所开展莲的组培快繁技术，于 2000 年诱导出试管莲藕，并在试验藕的基础上，发明微型种藕繁殖技术。莲藕微型种苗体积小、重量轻，每亩用种量 120 ～ 150 支，重量仅为 20 ～ 40kg，比常规种苗减轻重量 90%，节约运输成本 80%，减少损耗 20% ～ 30%。

2. 荸荠组培快繁

广西壮族自治区农业科学院生物研究所、武汉市蔬菜科学研究所开展荸荠脱毒种苗研究与生产，取得重要进展，已在广西、广东和湖北应用，有效解决了荸荠常规种苗易感病、产量低的问题，提高产量 20% ～ 30%。目前，广西 80% 以上的荸荠种苗都采用脱毒种苗。

3. 芋脱毒快繁

武汉市蔬菜科学研究所、鲁东大学、中国农业科学院蔬菜花卉研究所、四川省农业科学院等单位开展芋脱毒快繁研究，组培苗已在生产上有一定面积的应用，增产 20% ～ 30%。

4. 慈姑组培快繁

武汉市蔬菜科学研究所开展慈姑组织培养研究，已诱导出试管慈姑，尚未在生产上大面积应用。

六、水生蔬菜栽培

传统的水生蔬菜栽培以单一作物种植为主，很少进行轮作套种或种养结合。近十几年来，随着我国水生蔬菜生产和科研的快速发展，一些新的水生蔬菜栽培模式和技术应运而生，显著提高了单位面积土地的利用效率和效益。

（一）设施栽培

1. 莲藕

在长江中下游地区，通过保护地栽培，3 月中旬密植早熟莲藕，莲藕可在 5 月下旬采收，并且可以进行第二季栽培。华北、西北等地区推广了建池栽培莲藕模式。

2. 茭白

冬春季利用大棚增温，通过双季茭白设施栽培，夏茭可在 4 月下旬采收，比常规栽培茭白提早 1 个月上市。

3. 水芹

水芹为喜凉植物，较耐寒而不耐热，生产和消费季节集中在秋冬季至早春，而江苏农户利用遮阳网覆盖栽培技术，可在夏季生产水芹。

4. 菱角

保护地栽培可使菱角的上市期提早至 6 月。

（二）轮作

轮作可有效提高复种指数，增加农民收入。水生蔬菜轮作主要有两类方式：露地水生蔬菜与其他作物轮作、保护地的水生蔬菜与旱生作物轮作等。

主要模式主要包括：早藕—晚稻、西瓜（甜瓜、旱生菜）—荸荠、水芹—莲藕等多达 20 余种。保护地水旱轮作，较好地解决了土壤连作障碍、保护地栽培中土壤盐碱化和土传病害等问题。

（三）水生蔬菜—水产动物共养

水生蔬菜—水产动物共养系统内鱼等水产动物可以疏松水生蔬菜根系土壤，其排泄物作为水生蔬菜的有机肥料，提高水生蔬菜产量和品质；系统内的水草、有机质、昆虫、底栖生物可作为鱼的天然饵料；一水两用，一地双收，经济、生态效益显著。

研究表明，水生动植物种养结合，能使化肥使用量下降 15% 以上，农药使用量下降 20% 以上，水生蔬菜增产 5% ～ 12%，单位面积综合效益提高 20% 以上。近年来，在全国多地出现了多种模式。

七、水生蔬菜病虫草害防治

近年来，在农业部公益性行业（农业）科研专项经费项目“水生蔬菜产业技术体系研究与示范”（2009—2013 年），“十二五”国家科技支撑计划,“水生蔬菜高效生产技术研究与示范”(2012—2016 年）等国家重大科研项目的资助下，我国水生蔬菜病虫草害研究取得一系列科研成果。

出版《中国水生蔬菜主要害虫彩色图谱》《莲藕病虫草害识别与综合防治》等多部专著。对莲藕腐败病、茭白胡麻叶斑病、芋疫病、荸荠秆枯病、莲田稻食根金花虫等主要病虫害的发生规律及防治方法进行了研究，提出了一系列有效防治措施。水生蔬菜草害防治取得一定进展，如湖北一些产区根据生产实际，摸索出一套行之有效的化学除草方法；山东、福建等地芋种植区，使用乙草胺芽前除草并加地膜覆盖，防草效果很好。

八、水生蔬菜保鲜加工

保鲜加工是整个水生蔬菜产业链中的重要一环。经过近些年研究，鲜莲藕保鲜期已可达 60 天，比传统技术延长 40 天。藕带保鲜期达 10 天，比传统技术延长 8 天。鲜莲子保鲜期达 20 天，水芹保鲜期达 20 天，茭白采后贮藏保鲜期达 60 天。以上技术为水生蔬菜的长距离运输提供了技术支撑。

据初步统计，我国加工专利近 200 项，其中，莲籽加工专利多达 100 项，莲藕 30 余项。水生蔬菜加工专利主要集中在液态食品（饮料、酒）、休闲小食品、速冻食品等方面，如速冻藕片、莲藕汁、莲籽汁、芡实蛋卷等。此外，也有少量功能成分提取方面的专利，如荸荠黄酮类物质提取、菱角膳食纤维提取等。

从事水生蔬菜加工的企业主要集中在湖北、江苏、江西、福建、湖南、山东、广西等。加工机械研制较多的是莲籽剥壳机和莲籽通心机，主要集中在江西、福建等子莲生产大省，目前已在生产上广泛应用。

湖北、湖南等莲子和藕带加工企业较多。山东是我国最大的芋头加工出口基地，主要在胶东半岛。荸荠加工主要集中在广西，主要分布在贺州和荔浦两地。

九、对水生蔬菜科研的几点建议

我国水生蔬菜经过几十年的发展，各方面都取得了很大成就，但仍存在许多限制产业发展的技术瓶颈问题。下一步应重点开展以下几个方面的研究。

1. 轻简化技术研发

主要包括配套品种选育、轻简化栽培、栽培和加工机械。

2. 专用品种培育

如煨汤、炒食、生食、加工（制粉、藕片）等专用品种，子莲有鲜食、加工专用品种等。

3. 栽培模式创新

水旱轮作、水生蔬菜—鱼（虾、水禽）共养等。

4. 应用基础研究

育种方法、栽培生理、营养生理、功能成分的开发等。

刁现民

刁现民，1963 年生，博士，国家谷子糜子产业技术体系首席科学家，美国加州大学伯克利分校访问学者，中国农业科学院作物科学研究所研究员，博士生导师。历任河北省农林科学院谷子研究所生物技术室主任、主持工作副所长、国家谷子改良中心主任、河北省杂粮研究重点实验室主任、中国作物学会粟类作物专业委员会主任委员等学术职务。从事谷子等杂粮作物研究 30 年，主持完成国家基金重点课题 1 项和面上课题 4 项、河北省省基金课题 5 项、国家“863 计划”项目和国家科技支撑计划项目等 20 余项；获国家和省部级奖励 8 项，培育出‘中谷 1’‘中谷 2’等多个国家优质米品种，已培养博士 6 人，硕士 28 人，以第一作者或通讯作者在 *Nature Genetics, PLOS Biology, Journal of Experimental Botany, BMC Genomics* 等杂志发表代表性论著 110 篇，组织了首届国际谷子遗传学会议，作为国际领头人之一推动谷子成为禾谷类作物基因组研究的模式作物；首次发现了高等植物核基因水平转移例证，率先建立了有85万SNP构成的谷子单倍型物理图谱，已构建了以谷子基因组测序品种‘豫谷1号’为基础的EMS突变体库，有各类突变体材料37 200份，2013年已对其中的4 200份进行了光合相关突变体筛选，鉴定并克隆了多个谷子发育的相关的功能基因。

谷子资源的深度分析和研究应用

刁现民

谷子属于禾本科狗尾草属，与玉米、水稻亲缘关系较近，是起源我国的一个作物。谷子的抗旱性突出，被认为是应对未来干旱形势的战略储备作物。谷子在我国的种植面积曾达到1.7亿亩，占世界播种总面积80%，产量占90%。后来面积逐渐缩小至目前的2 000万亩左右。下面从3个方面讲一下谷子种质资源的研究与利用。

一、谷子的起源和历史

谷子种植历史悠久，最新的考古证据是11 500年，这时已经发现了谷子的籽粒。最早的夏滩文化（今长治境界，在山西、河南、陕西交界处），再次发现了加工禾谷类作物的石器，当时的禾谷类作物就是谷子。8 700年前，在河北邯郸，发现了大批量的谷子。在内蒙古赤峰远离黄河流域1 000多千米的考古发掘发现了大概在7 700～8 000年的谷子，在夏家店的兴隆洼遗址，被称为中华第一村，其距今7 700～8 000年。

目前我国谷子种植面积为1 000～2 000万亩，在杂粮种植中居第一位。内蒙古是谷子种植面积最大的省份，种植面积为500万～600万亩。山西、河北200万～300万亩，山东几十万亩左右。在内蒙古东北部、辽宁省西部、吉林省南部是主要的杂粮产区，其谷子种植面积在该区域约 1 000 万亩。

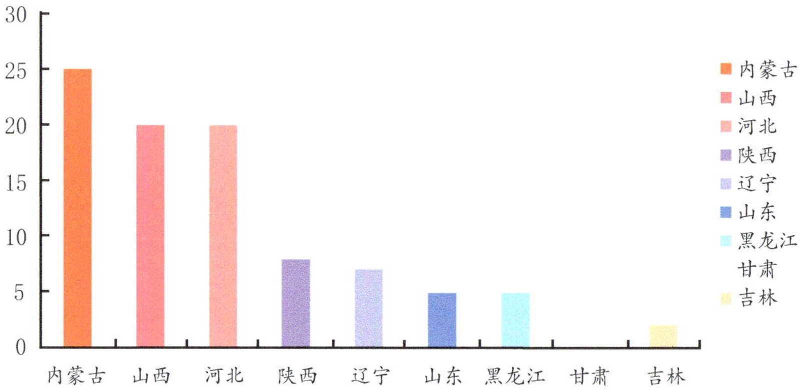

图 1　谷子主要种植省份的面积

谷子的祖先是狗尾草，从狗尾草驯化成为农家品种到今天的育成品种，经历了一个驯化和改良的过程。谷子历史地位的演变有两次，一次为小麦进入中国，逐渐取代谷子成为第一作物，在史前文明和唐、汉、明、宋朝代，谷子是第一作物。第二次是近代的工业化革命，随着甘薯、玉米的引进很快取代谷子成为北方的主要作物。

二、青狗尾草（谷子的野生种）的群体结构

青狗尾草是谷子的祖先种，全世界都有分布，中国农业科学院作物科学研究所谷子研究团队建立了一个 1 000 多份狗尾草数据库，对每个材料建立了档案，包括形态描述等。并利用 SSR 分子标记对它进行分析。筛选了 100 多对 SSR 标记，找到了 77 个多态性标记，定位在谷子的 9 条染色体上。我们对国内的 200

多份青狗尾草进行群体结构分析，结果发现我国的青狗尾草表现了丰富的遗传多样性，单位点平均等位变异数高达 33.5 个。同时聚类分析结果显示中国的青狗尾草分成了 A 类和 B 类，A 类又分成了 3 个亚类，B 类分成 2 个亚类，这样中国的青狗尾草一共分成了 5 个亚类。但是 5 个亚类的地理区域不是很清晰，目前原因不清楚。从地理位置分布上，A 类大概在中国北方，B 类在南方。

其次，农家品种是老百姓保存的没经过育种家改良的品种。我国种质库保存的谷子种质资源有 26 700 多份，占全世界 73%，其种质资源来自全国的 27 个省份。对农家品种也进行 SSR 标记，发现中国的农家品种分成了 3 类，第 2 类又分成了一个南方和北方的，农家品种的地理分布与野生狗尾巴草完全不一样。高寒的冷原地区的谷子聚为一类。整个内蒙古高原和黄土高原的谷子聚为一类，整个西北是一个区域，整个华北是一个区域。从遗传学上分析，辽宁、吉林和山东、河北的谷子农家种的生态环境和基因型是一致的。从基因型上对谷子农家种的分类给我们资源的整理、育种的应用带来了很好的思路。将野生狗尾草和农家品种综合分析表明发现有 4 个狗尾草材料和谷子亲缘关系较近，分布在辽宁、内蒙古、河北、甘肃一带。

谷子育种经历了 3 个阶段：第一个阶段为谷子的整理，第二阶段为系统的选择和育种，第三个阶段从 20 世纪 90 年代至今，以杂交育种为主的多种技术的融合阶段。从 1970 年至今，全国育成品种约 600 ～ 700 个。在谷子育种史上，贡献最大的是‘豫谷一号’和‘昭谷一号’。利用分子标记对 348 个全国各地的育成品种研究发现其位点变异为 17.87。野生种为 33，农家种为 21，育成品种的遗传多样性逐渐降低。根据分子标记将育成品种分成了两类：一类是夏谷型，一类为春谷型。春夏谷型又可分为3个亚类，一共就是6个亚类。这6个亚类主成分分析表明，它各自的位置相互交叉，各自的遗传距离都很清晰。20世纪50年代的品种到21世纪2000年的育成品种春谷型品种逐渐减少，夏谷型的越来越多。并且遗传距离和遗传多样性越来越小。育种未来要突破，必须打破不同生态区的优良品种的利用。

在原来工作基础上，构建了一个谷子的核心种质，包括育成品种200多份，国外品种100多份，农家品种400多份，共900多份。对916份材料进行全基因组的测序，测定47个性状在5个环境下3年的表型数据。聚类分析将全世界谷子分为tyPE1和tyPE2，前者为春谷型，后者为夏谷型，与前面SSR结果一致。并且找到了导致春夏谷分化的14个基因的位点。利用这个数据对谷子起源做了研究表明谷子是单起源的。通过关联分析共定位了控制分枝性、穗长、刚毛、株高等47个性状的512个QTL。这些数据为未来的分子设计育种、分子标记育种提供了一个基础。

三、谷子种质资源的利用

（一）利用谷子资源进行抗旱相关基因发掘

谷子耐旱性强、水分利用效率高，谷子抗旱基因的挖掘尤为重要。本研究团队对核心种质的916份材料进行萌芽期的抗旱性鉴定后进行关联分析，找到了20多个控制谷子萌发期抗旱性的基因位点。对其中一个基因 *SiNADP-ME*3 进行功能验证，转基因的材料有较强的抗旱性。同时对这900多份材料进行苗期反复干旱的鉴定也找到了一些与苗期抗旱关联的基因位点。

（二）小米色泽控制基因的主效基因发掘

利用品种资源寻找控制小米米色品质相关的基因，找到谷子黄色素合成的主效基因—*PSY* 基因。该基因位于第 4 号染色体，是小米黄色素及其组分叶黄素、玉米黄质合成的关键基因。*PSY* 不同的单倍型导致小米色泽的不同，究竟是哪种单倍型使小米的颜色更黄还需要进一步的研究。

另一个重要的工作是推动谷子成为一个模式作物。谷子是 C_4 作物，光合效率高且抗旱节水，肥料利用效率高。同时谷子基因组很小，生育期短的 60 天，可在实验室种植。我们与苏振教授建立了谷子基因组网站—Setaria italica Functional Genomics Database，美国的研究人员建立了 Setaria viridis 网站。美国主要是利用谷子进行 C_4 光合作用和抗旱性的研究。孟山都公司的研究人员研究狗尾巴草的遗传基因和机理并利用这些基因改良玉米。

谷子要发展成一个模式作物，最关键的核心就是遗传转化。美国康奈尔大学在狗尾草的转化上做了大量的工作，找到了容易转化的狗尾巴草，转化效率达到 70%。我们实验室一直做谷子的遗传转化，目前已找到了一个基因型，能够诱导黄色颗粒状的愈伤组织，并利用带有报告基因的载体进行转化，其瞬时转化率高于水稻，现在这批转化已经再生植株。谷子高通量转化成功的曙光将促进谷子成为真正的模式作物。

钱永忠

钱永忠，研究员，博士生导师。现任中国农业科学院农业质量标准与检测技术研究所所长、农业农村部农产品质量安全标准研究中心主任，兼中国农学会农产品安全分会副理事长、国家农产品质量安全风险评估专家委员会副秘书长、国家农产品质量安全科技创新联盟理事长、农业农村部农产品质量安全重点实验室主任、农业农村部农产品质量安全专家组专家、中国农业科学院学术委员会委员、《农产品质量与安全》杂志执行主编。

主要从事农业标准化与农产品质量安全管理、农产品质量安全风险监测和评估关键技术、农产品混合污染物联合毒性效应规律研究等，先后主持承担了国家社科基金重点课题、国家科技支撑计划课题、公益性行业科技专项课题、“948”计划项目，以及中国工程院、农业农村部、世界银行等多项委托课题。培养毕业博士研究生9名，硕士研究生15名。发表各类论文130余篇，其中*SCI*论文和EI收录论文30篇（第一作者和通讯作者18篇）；主编著作15部、副主编2部；已授权专利7项、软件著作权28项；第一完成人起草农业行业标准5项。获浙江省科学技术奖二等奖1项、江苏省科学技术奖三等奖1项；目前是中国农业科学院“农产品质量安全风险监测与评估技术”创新团队首席，2015年被农业部评为“全国农业科研杰出人才”，2016年带领创新团队获得中国农业科学院“十二五”农产品安全亮点研究成果奖。

我国农产品质量安全科技发展趋势与挑战

钱永忠

当前，我国农业农村经济发展正处于历史最好时期，农产品供给实现了由长期短缺到总量基本平衡、丰年有余的历史性转变，总体上看，农产品质量安全形势稳中向好；农业的主要矛盾由总量不足转变为结构性矛盾，突出表现为阶段性供过于求和供给不足并存，矛盾的主要方面在供给侧。2017 年中央一号文件要求加快推进农业供给侧结构性改革，核心是通过调整，让农民生产出的产品的质量和数量符合消费者的需求，实现产地与消费地的无缝对接。中央明确提出农业发展方式要由数量增长为主转到数量质量效益并重上来，实施食品安全战略，提升重要农产品供给保障水平。“十三五”是我国全面建成小康社会和进入创新型国家行列的决胜阶段，如何全面提升农产品质量和食品安全水平，推进农业提质增效，助力农业供给侧结构性改革，实现农业的可持续发展，对农产品质量安全科技创新提出了更为迫切的需求。

一、我国农产品质量安全科技发展的宏观环境

（一）我国农产品质量安全整体水平大幅提升，总体稳定向好

2001 年启动实施“无公害食品行动计划”以来，我国农产品质量安全管理工作得到了加强，标准、检验检测、认证等农产

品质量安全保障体系建设取得了长足的进步，农产品质量安全水平有了明显的提高；农产品质量安全合格率一直稳定在高位。根据近年来农业部针对蔬菜、畜禽和水产品等农产品的例行监测数据，合格率一直稳定在高位。2016 年蔬菜、畜禽产品、水产品监测合格率分别为 96.8%、99.4%、95.9%；优质品牌农产品市场占有率稳步提高，“三品一标”体系基本形成，无公害、绿色、有机等品牌农产品已成为出口农产品的主体，占到出口农产品的 90%，绿色食品已得到 40 多个贸易国的认可；已创建“三园两场”9 674 个，已认定“三品一标”产品 10.7 万个，约占产地 40%，农产品商品量的 40%。

（二）我国农产品质量安全科学研究体系逐渐健全，理论不断丰富

经过 10 余年的建设，全国范围内从事农产品质量安全研究的专业机构网格化体系基本形成。从国家层面看，中国农业科学院、中国水产科学研究院、中国热带农业科学院相继成立了专业的研究所从事农产品质量安全方面的研究工作；从地方层面看，29 个省级农产品质量安全研究机构成立，部分地市级农科院也开始组建农产品质量安全研究所（中心），大专院校也相继开设了食品安全或农产品质量安全专业，相互配套、相互补充的农产品质量安全研究体系逐渐建立。

随着农产品质量安全科学研究体系的构建，农产品质量安全学科建设也得到了发展。自 2003 年起，中国农业科学院已将“农业质量标准与检测”作为院九大学科群之一进行建设，重点开展农产品质量安全研究；“十二五”期间，中国农业科学院调整确立了以“学科集群—学科领域—研究方向”为框架的 3 级学科建

设体系，将质量安全与加工作为八大学科集群之一。2010 年，农业部按照学科群部署建设了一批农业领域重点实验室，农产品质量安全作为 30 个学科群之一，于“十二五”期间，建设了包括综合性实验室和专业性实验室在内的 9 个部级农产品质量安全重点实验室，以共性技术研发为主，学科群内不同实验室的职责和任务各有侧重。“布局合理、任务明确、协作紧密、运转高效”的重点实验室体系正逐步成为农业科技创新的主战场，保障主要农产品安全的主力军。

“十二五”期间，在农产品质量安全领域科研项目立项、关键技术突破以及重大成果凝练方面都取得了很大进展。继“十一五”食品安全科技创新被列入国家中长期科技规划公共安全领域优先主题后，“十二五”期间，国家及部门科技计划中对农产品质量安全研究都有重点加强。公益类行业（农业）科研专项设立了农产品质量安全领域，在国际科技合作计划中也遴选了有关农产品质量安全溯源、速测与监控方面的项目，支持该领域的国际合作；国家自然科学基金和社会科学基金也加大了对农产品质量安全方面的资助力度。通过近 10 年的研究，在农兽药及生物毒素等检测技术与标准研究，在双低油菜全程控制技术等方面有所突破，一系列国家奖及省部级奖项的获得标志着农产品质量安全学科理论和技术的不断丰富和完善。

（三）农产品质量安全问题时有发生，舆情热点，合格率与公众感受存在偏差

社会现实方面偶发安全事件引爆舆情热点，消费感受方面问题越来越多，不知道吃什么好，吃什么是安全的。公众期待既要产品放心，又要过程规范。信息传播快速发展，“舌尖上的安全”

成为社会焦点；安全农产品生产缺乏配套好用的管控技术。农产品种养殖链条长，危害因子来源复杂，农兽药等投入品，重金属及生物毒素等环境污染物，违禁添加物等危害因子不清。各类危害因子在种养殖过程的来源、转化、归趋及在农产品中残留蓄积、响应机制、侵染机理、代谢途径等环境行为不明。产地环境及农产品中各类危害因子阻抗、钝化、消减等管控技术以及安全农产品产前、产中、产后及流通全过程管控生产规范等控制技术缺乏；在监管方式上，缺乏经济有效的监管方式。快速检测技术仍然多为采用传统的免疫试剂盒、胶体金试纸条等开展单一对象快速检测，品质无损快速检测技术缺乏。确证检测技术仅限于对性质相似的一类农药或兽药进行多残留确证检测。未知物筛查谱库仍需健全，方法仍需优化。检测产品、仪器设备及核心试剂大多依赖进口。

（四）“十三五”是我国农产品质量安全科技重要发展机遇期

随着全球新一轮科技革命步伐不断加快，国际组织及发达国家纷纷实施食品安全战略计划，加强食品安全科技投入。欧盟第七框架计划已将食品安全、生物技术以及生物资源的可持续利用与管理作为农业领域的优先合作方向，投入 19 亿欧元，其中营养健康和食品制造作为食品安全领域投入的重点方面。在我国，2016 年中央一号文件首次将食品安全上升至国家战略，随后相继出台的《“十三五”国家食品安全规划》《“十三五”农业科技发展规划》《“十三五”全国农产品质量安全提升规划》《“十三五”农业科技条件能力建设规划》等一系列国家和部门重大规划对农产品质量安全科技创新均给予高度重视，经历了筹划期和建设期后，“十三五”是我国农产品质量安全科技重要发展机遇期。

《“十三五”国家食品安全规划》设置了“食品安全国家标准提高行动计划”“食用农产品源头治理工程”“风险监测预警、评估能力提升项目”等九大专项，提出要加快农兽药残留限量标准的制定和评估转化，严格源头治理，建立国家农产品质量安全风险评估实验室等。农业农村部《“十三五”农业科技发展规划》也将农产品质量安全纳入 11 个农业科技创新的重点领域之一，指明了在基础性工作、基础研究和技术开发方面的重点。《“十三五”全国农产品质量安全提升规划》指出实施农产品质量安全科技创新战略，将农产品质量安全纳入国家重大科学研究重点。

此外，在现代农业产业技术体系建设中，“十三五”新增了多位农产品质量安全与营养品质评价研究岗位科学家；在农业部农产品质量安全重点实验室学科建设中，“十三五”新增了 11 个农业部重点实验室；在 2017 年启动的农业基础性长期性科技工作中，农产品质量安全也作为 10 个学科领域之一被纳入基础数据库建设中，建设国家农产品质量安全数据中心 1 个，国家农业科学试验站若干，长期开展粮食、油料、蔬菜、果品、畜禽产品、奶产品、水产品、特色产品、热作产品和农业投入品质量与安全科学数据监测，重点开展主要农产品品质鉴定、污染物残留评价及预警分析。

二、农产品质量安全科技发展趋势

近年来农产品质量安全科技重点在农产品质量安全检测理论

与方法、风险评估理论与方法、农产品中危害因子的作用机制和安全性评价、农产品质量安全过程控制及消减技术以及农产品质量安全溯源、预警理论与方法等领域有所突破。

（一）农产品质量安全检测技术趋向集成化、快速化

随着生物化学、材料科学以及现代质谱等高新技术的发展和应用，不同学科领域技术的交叉融合和集成，成为提升农产品质量安全检测通量、检测速度与准确性的重要手段。

在样品前处理方面，快速溶剂提取 (ASE)，凝胶渗透色谱（GPC），固相萃取（SPE）、基质固相分散萃取 (MSPDE) 以及免疫亲和层析 (IAC) 等样品前处理技术已经能够实现对农产品危害因子的提取分离，而这些前处理技术的多维融合、集成与自动化，使得对农产品中微量、痕量成分提取净化更加简化和快速。此外，新型材料包括功能化石墨烯、金属有机骨架 (MOFs)，碳纳米管、分子印迹聚合物 (MIP)、微孔有机聚合物 (MOP)，磁性纳米材料等的发展，在解决现有农产品复杂体系痕量分析特定目标物样品前处理的瓶颈问题中的应用也日益广泛。

在快速检测方面，高性能识别材料的制备、不同标记增敏体系的研发，并结合芯片及传感器等技术，能够提升对农产品中目标物质的精准识别能力，实现多残留同步检测。核酸适配体、受体、重组抗体等识别材料在农药、兽药、激素检测方面的应用日益增多。而基于类特异性识别原件实现对多个目标物的同时检测以及利用芯片或传感器等技术集成不同污染物的检测反应，是实现不同污染物同步多残留快速检测的两个重要思路，也是农产品质量安全快速检测技术发展的重要方向之一。

在确证检测方面，基于多维色谱—杂交质谱技术的多类别污

染物的综合分析技术也成为近年来确证检测技术发展的方向。多维色谱技术与质谱技术联用，如二维液相色谱、二维气相色谱及全二维气相色谱等与质谱技术的联用，已成为解决同源复杂组分检测的有效手段；而通过融合多种类型的质量分析器如四极杆、轨道阱（Orbitrap）及线性离子阱（LIT）等集成杂交质谱，为实现复杂农产品基质的检测提供了重要技术支撑。

在未知物筛查方面，高分辨质谱具有质量范围宽、分辨率和质量测量精度较高的特点，已成为农产品质量安全化学性非靶标物质快速筛查的重要手段。而核磁共振技术具有无破坏性、无偏向性、高灵敏度以及测定快速等特点，结合模式识别在非法、恶意添加物的筛查识别方面具有较强的技术前瞻性。集成质谱、波谱及成像技术，对未知化合物结构进行定性推断和确认，发现食品中未知风险物也是研究的重要热点。

（二）农产品质量安全风险评估技术趋向系统化、精细化

当前风险评估技术的理论研究和实践应用都正处于快速发展阶段，前沿科学技术的应用、大数据发掘技术的发展和不同数学模型软件的开发，促进了风险评估技术的系统化与精细化。

纳米技术、组学技术、计算分子生物学等前沿技术近年来发展迅速，在化学物质暴露评估中的应用促进了风险评估技术的快速发展，提高了风险评估的精准性。如动物替代毒理学新方法的应用，提高了风险评估的速度；基于人源细胞的机制通路研究，提高了健康效应评估的精确性；而生物标志物监测技术的应用增强了风险评估过程中的敏感性和准确性，从而降低了评估的不确定性。

大数据挖掘技术的发展和应用，为农产品质量安全风险评估

的理论和方法研究提供了广阔的大地，特别是如逻辑回归模型、随机森林模型、贝叶斯方法模型、神经网络模型等机器学习，能够实现从海量的数据中发掘关联信息，并将分割的数据关联化，提供系统化的评估方案。

基于不同需求和国情，开发的模型软件和应用也是风险评估技术不断扩展的方向。如美国和荷兰依据临界效应的剂量—反应关系建立的基准剂量（BMD）模型均已开发相关软件；基于生理模型的药代动力学、药效动力学（PBPK/PD）模型可以模拟药物和其不同制剂经静脉、口服、口腔、眼部、鼻腔和肺部给药后，在动物和人体内的药代动力学和药效动力学行为，目前开发的商业化软件已在风险评估中广泛应用；暴露边界（MOE）法相关技术和软件在不断推进，这些风险评估相关软件的研发能够增加评估技术的准确性，必将带动农产品质量安全相关风险评估理论和方法的发展。

（三）农产品质量安全过程控制技术趋向精准化、定向化

基于危害分析的临界控制点（HAC-CP）总体上适于农产品的安全管控，但由于农产品的生物活性属性，自然生产特征以及供给的时效性等因素，使农产品质量安全控制技术具有复杂性和特殊性。

在关键技术上，结合污染物代谢、迁移和消解等行为，防止污染物防控二次污染；通过解决关键控制点与风险预警阈值，预测模型和评价模型，有效生物的选用等关键技术，研究农产品生产、收储运过程中混合污染的综合防控技术是今后农产品质量安全过程控制技术发展方向之一。

围绕农产品生产过程中影响农产品质量的关键危害因子的污

染途径与过程控制技术开展研究。包括农兽药等农业投入品的降解规律和机理、产地污染对农产品的影响及危害等开展精准化研究；针对特定环节典型农产品关键或典型危害因子开展定向化研究，形成定向化控制技术，也是实现精准农业，推动供给侧改革的有效途径。

（四）农产品质量安全溯源技术趋向智能化、集成化

目前农产品质量安全溯源技术主要分为信息追溯技术及真实性识别溯源技术研究两个方面。在以生产档案记录为基础的信息追踪与溯源技术方面，可追溯系统应用研究成为热点，主要依托传感网及数据处理、电子标签（RFID）及无线应用、数据库与并行计算等技术的建立，实现对每一个过程的流通做到来源可溯，去向可查。目前，该技术在高附加值农产品物流仓储的追溯环节应用前景广泛。随着物联网经济的发展，信息溯源技术日趋网络化和智能化。

在以产品表征分析为基础的身份识别与溯源技术方面，基于DNA 指纹分析建立的鉴别技术由于分析精度高，已成为农产品品种鉴别的一项关键技术。同位素质谱技术发展迅速，除目前常用的碳、氮稳定同位素外，氢、氧、硫、硼和锶同位素技术的应用有效性也日益凸显，通过分析不同地域农产品中同位素组成特征、差异，建立溯源数据库或绘制溯源地图，可以实现对不同农产品的产地溯源。

近年来，在溯源技术发展方面，一是利用锶同位素以及稀土元素对农产品产地溯源的有效性日益凸显；二是重视溯源指标在加工农产品过程中的变化；三是将稳定同位素质谱技术、核磁共振技术、DNA 指纹图谱技术、代谢指纹图谱技术、红外光谱技术

以及矿物元素指纹图谱等多项溯源技术集成，形成综合溯源技术系统，集成后的综合溯源系统能够提高农产品溯源的精准度。

三、目前我国农产品质量安全已有科技基础与存在差距

（一）检测技术

截至“十二五”末，我国共研发出500多项残留确证检测技术，其中农药多残留确证检测从最初的不到30种发展到700多种，兽药多残留确证检测可覆盖20大类300余种，建立了主要以农药和兽药残留为主的多项确证检测技术及标准，农产品质量安全检测技术水平不断提高。在快速检测方面，我国已经具备制备各种农药、兽药残留、违禁添加物抗体近300种，研发快速检测产品600余种。快检产品的市场占有率从“十五”末期的不到10%上升至目前的80%以上。

我国在农产品质量安全检测技术方面还存在一些问题。比如，仍有一定比例我国已登记和有限量的农兽药残留无检测方法，农产品中环境污染物及与农产品品质营养相关的内源物检测方法缺乏；自主开发的检测设备少，设备成本高；农药抗体少，快检产品灵敏度和稳定性差等问题还一定程度存在。

（二）风险评估技术

在风险评估共性技术方面，我国已经初步确立了剂量—反应评估中基准剂量评估技术，建立了农产品中化学污染物（特别是农药）累积性膳食暴露评估方法和阶梯式暴露评估方法；开展了农产品质量安全风险建模技术研究，已形成国家农产品质量安全监测信息平台数据上报系统、分析系统和综合管理系统以及农产

品质量安全风险评估系统等。在农产品质量安全风险监测方面，我国已经针对农兽药残留等危害因子，开展连续动态立体式风险隐患摸底排查和专项评估，获得风险监测数据 23 万余条，形成 23 份农产品质量安全风险监测与评估技术报告。

我国还缺乏开展农产品质量安全风险评估的一些基础数据，如现有的危害因素本底含量数据、毒理学数据等基础数据缺乏，不能满足我国农产品质量安全风险评估的需要；在技术上，人源细胞替代动物毒理学测试及暴露组学技术等前沿技术的应用还刚刚起步，生物监测尚未纳入风险监测与评估的内容；适合我国国情的评估模型不多。

（三）过程控制技术

目前，我国农产品质量安全过程控制技术研究主要集中在研究污染物的环境过程以及对农业投入品及内源毒素的消减控制技术研究；我国已经形成了农产品产地土壤重金属污染区边界划分的技术方法及水产生产区域划分方法。如 2011 年，我国参照欧盟法规制定形成了《2011 年海水贝类生产区域划型工作要求》。针对农药和兽药等农业投入品，主要依据毒理学数据和残留消除规律制定出最大残留限量标准。截至 2016 年年底，我国已经制定了 433 种农药的 4 140 项最大残留限量。而在毒素的消减控制技术方面，目前已经形成的相关管理规范或标准有《防止黄曲霉毒素污染食品卫生管理办法》《花生黄曲霉毒素污染控制技术规程》等。

尽管我国目前在农产品过程控制技术研究方面取得了一定的进展，但产地环境污染物（农兽药、助剂、持久性污染物等）与不同农产品质量安全相关性方面的研究缺乏；农兽药面源污染阻断和评价技术缺乏；在新技术、新生产方式和新投入品所带来的危害评估、预防和控制措施研究方面还很少。

（四）产地溯源与真实性识别技术

在信息追溯方面，我国已发布了《农产品产地编码规则》《农产品追溯编码导则》及《热带水果分类和编码》等规范文件，建立了农垦农产品质量追溯系统，覆盖28个省（自治区、直辖市），涵盖谷物、蔬菜、畜禽肉等主要农产品。在身份识别与溯源技术方面，我国近年来也建立了一系列方法，包括DNA标记法、近红外反射光谱法、稳定同位素法、矿物元素法等，在牛肉产地溯源、有机猪肉溯源与真实性识别及鸡肉、茶叶和蜂蜜溯源技术等方面奠定了技术基础。

但现有溯源体系仅仅是建立在信息记录溯源上，与质量溯源相关检测技术、质量安全溯源的检测装备、食品加工和储运过程质量溯源支持技术等还没有集成形成技术体系。由于缺乏统一的追溯标准和规范指南，各部门建立的追溯系统仍存在信息不互联互通，很多产品追溯码的作用与普通的食品标签相类似，未发挥有效的追溯管理作用，且由于缺乏农产品种植、养殖等环节的化肥农药、兽药及生产管理等信息，信息记录成本高，也造成了源头追溯信息采集困难。而在身份识别与溯源技术方面，单一溯源方法存在溯源准确性不高，溯源库存在样品代表性差，综合集成溯源系统研究应用还较少等问题。

四、我国农产品质量安全科技今后优先发展领域和重点突破点

根据农产品质量安全科技的发展趋势及我国产业发展的需

求，围绕服务国家食品安全战略目标，提高农产品质量安全水平的战略需求，促进我国农产品质量安全科技整体能力的提升和关键问题的突破，确定如下优先发展领域。

（一）农产品质量安全检测技术优先领域

运用现代物理、化学、生物学、计算科学理论和方法，研究农产品中营养品质、功能成分以及农兽药、生物毒素、有机污染物、环境激素等分析新理论、新技术，建立农产品质量与安全检测技术及标准体系。主要包括基于新型功能材料的高效前处理新技术、农产品品质形成及无损监测技术、智能化农产品质量分等分级新方法、生物监测及非定向筛查技术。

（二）农产品质量安全风险评估优先领域

开展对化学和生物等污染物的风险评估、控制与预警的食品安全风险评估方法和理论的研究，发展符合我国国情的食品安全风险评估技术方法体系。主要包括农产品中重要化学污染物的剂量—反应评估理论、暴露评估方法优化与模型、混合污染物联合暴露综合评估风险排序与模型、农产品累积性暴露评估方法与模型、主要农产品中危害因素风险评估模式及风险评估信息系统的整合与构建。

（三）农产品质量安全过程控制优先领域

研究污染物在农产品中的污染途径、成害机制及控制措施，构建农产品安全、清洁生产理论和典型模式，建立农产品质量安全过程控制技术体系。主要包括污染物在产地环境中的迁移转化及降解规律，农业投入品面源污染阻抗、钝化、消减技术，典型污染物生物修复理论和机制，典型污染物与品质指标的相关性研究，农产品产地污染物阈值及产地安全评价指标体系。

（四）农产品质量安全溯源优先领域

开展农产品质量安全溯源的理论和方法研究，主要包括矿物元素、同位素技术、生物组学技术的溯源新方法研究，不同生产模式农产品溯源技术，加工农产品溯源技术；综合溯源系统的构建。

（五）农产品质量安全标准研究

开展农产品质量安全标准研究和标准物质研究，健全农业标准体系。主要包括农兽药残留限量制定，小宗作物农药残留及风险排查，动物源产品中农药残留限量制定，产地环境污染物限量标准与安全评价分类，农产品安全与品质评价相关标准物质研制。

（六）农产品营养组分作用机制及分离基础

研究农产品组分的营养与功能的相关性及其作用机制、组分分离新技术，建立农产品品质营养功能解析与利用技术体系。主要包括农产品功能成分影响人体健康的分子营养学机制，农产品功能成分在人体内的代谢途径、吸收方式与作用机制，功能成分在农产品中的存在形态、结构及分布，农产品组分高效分离与重组关键技术，绿色、循环、多组分提取的理论和方法。

赵瑞雪

赵瑞雪，女，1968年出生，研究员、博士生导师，中国农业科学院创新团队首席科学家。北京理工大学博士毕业。现为中国农业科学院农业信息研究所副所长，国家科技图书文献中心（NSTL）数据库建设组组长，中国农学会农业图书馆分会副理事长，全国图书馆标准化技术委员会（SAC/TC389）委员。

长期从事信息管理与信息系统、数字图书馆、知识组织、知识服务等相关科研和教学工作，曾被授予中国农业科学院“巾帼建功”标兵。主持和参与国家科技支撑计划、国家“863”计划、“948”计划、科技部基础性项目、部委托以及横向合作课题等40多项。曾获得科技成果奖励9项，其中北京市科学技术奖3项、中国农业科学院科技成果奖6项。获计算机软件著作权登记40多项，发表科技论文60多篇，撰写技术报告100多篇，译著2部。目前主要承担国家农业数字图书馆研究与建设工作、国家农业科学数据共享中心建设工作、国家科技图书文献中心（NSTL）专项以及国家科技支撑计划项目等。

面向农业科技创新的多维知识服务体系构建

赵瑞雪

随着互联网等现代信息技术的发展，农业科技创新环境与科研方式发生了巨大变化，科研用户的信息需求呈现数字化、网络化、协同化、专业化、共享化等新的趋势。这些变化对传统普惠式的服务技术和服务模式提出了严峻的挑战，如何为不同的科研主体提供个性化专业化的知识服务，成为信息服务机构面临的重要课题。国内外的信息服务机构在知识服务的理论内涵、体系架构、技术开发等方面都开展了不少研究与实践。在知识服务体系方面，出现了基于共享模式、标准知识服务平台以及用户综合集成化需求等的构建方式。在深层次知识服务及技术平台研究方面，国外尤其是美国、英国、澳大利亚等国家都从国家基础信息设施建设层面进行了推动，出现了基于农业领域本体的知识服务、基于本体的 VIVO 系统、基于 SOA 的体系架构、基于 Sakai 的虚拟科研环境、哈佛大学的 Harvard Catalyst、哥伦比亚大学的 Sciologer 等技术与工具。国内虽然起步较晚，也出现了中国科学院的领域知识环境（SKE）、地学 e-science，部分高校的 Sakai 应用以及面向科研项目与嵌入科研过程的知识服务、基于 Web2.0 的学科知识服务模式及平台、高校深层次信息服务平台等一系列实践成果。这些理论研究与技术开发实践为本文的研究提供了良好的基础。依托国家农业图书馆的公共资源和服务，围绕农业科研用户的个性化、知识化服务需求，通过对用户个性化知识资源的采集整合以及知识关联、知识导航、智能检索等知识服务关键技术的研究应用，建立面向不同科研机构、学科团队、专业领域等用户群体的专业知识服务平台。用户专业知识资源的采集、组织与持续更新机制以及嵌入科研过程的知识服务功能的实现成为本研究的关键。

一、总体建设框架设计

通过应用、集成和优化信息自动采集、大规模数据智能处理、知识组织以及集成融汇等知识服务关键技术，构建以面向科研人员提供一站式公共集成服务为基础，以面向不同研究机构、学科团队、专业领域等提供深层次知识服务为创新、以支持在线学术交流和协同科研为拓展的多维知识服务体系及支撑技术平台。总体建设框架见图 1，包括 3 个层次。

（一）数字知识体系层

数字知识体系是支撑服务的重要知识基础设施，包括农业综合数字资源体系和农业知识组织体系两部分。其中，农业综合数字资源体系涵盖了用户本地资源、国家农业图书馆资源、互联网开放获取资源以及其他第三方资源，通过对这些资源的整合集成形成农业综合科技数字知识仓储。在此基础上，基于农业科学叙词表和本体等农业知识组织工具对各类资源进行集成揭示、知识化组织和关联计算，构建农业综合科技数字知识体系。

（二）技术支撑体系层

信息技术是实现数字化网络化服务的手段，主要包括大规模文献数字化技术、信息自动采集技术、数字资源整合技术以及知识组织、智能检索、知识导航、知识关联和知识呈现等知识服务技术。

（三）多维知识服务体系层

服务层是针对不同用户群体提供多样化服务的内容与形式，是连接用户的纽带。包括面向科研人员提供普惠式服务的“一站式”公共集成服务平台和面向科研一线的研究机构、学科团队、科研人员及管理人员等不同用户群体提供个性化服务的知识服务平台（图 1）。

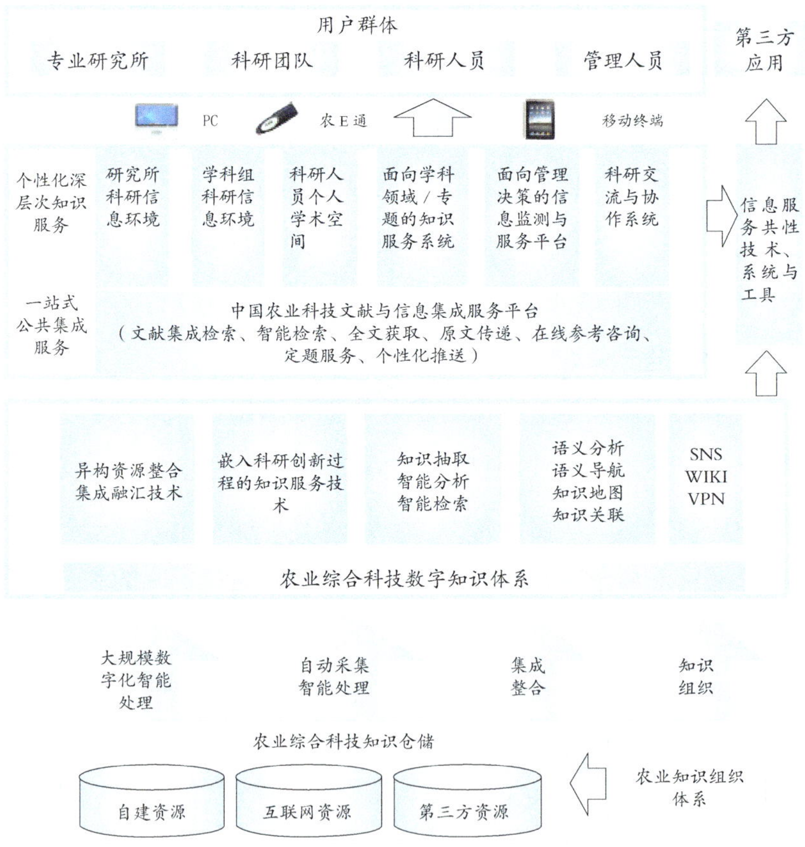

图 1　总体建设框架

二、多维知识服务体系及支撑技术平台构建

（一）农业综合科技数字知识体系构建

农业综合科技数字知识体系由农业综合科技数字知识仓储和多层次农业知识组织体系构成。

1. 农业综合科技数字知识仓储

农业综合科技数字知识仓储是支撑农业科研创新的信息基础设施。为了给科研人员提供全方位、立体化的知识资源保障，知识仓储的建设在内容上强调了农业科技文献、科学数据以及互联网资源的整合，在知识收集与知识获取上主要采取了如下技术方案。

（1）应用文献数字化技术、大规模数据智能处理技术以及数字化流程精细管理等技术，实现国家农业图书馆馆藏资源、实验数据、调查数据等的数字化加工与规范化整理。

（2）基于网络爬虫、文本挖掘、自动分类聚类、智能处理等技术，实现对国内外农业组织、科教机构等网站信息以及互联网开放获取资源的发现、采集、规范化、保存与管理。

（3）基于元数据整合、开放链接（OPEnURL）等异构资源集成整合技术，实现异源异构农业科技数字资源的集成揭示和“一站式”获取。

（4）基于 OAI-PMH 元数据收割协议、Web Service 服务等技术，实现农业综合科技数字知识仓储中各类资源的分布式收割、同步、查重和转换，提供面向不同的知识服务应用提供知识抽取、资源调度与资源发布等服务。

2. 多层次农业知识组织体系

知识组织体系是通过知识分析、知识揭示和关联关系计算等方式构建的，用以实现知识的有序组织和高效利用，目的是给科研人员提供更多的知识发现途径。为了实现对农业综合科技数字知识仓储中的海量资源的有效组织，项目组研制了网络版农业科学叙词表，通过本体描述语言（RDF、SKOS）实现叙词表向轻量级农业本体的转化；搜集整理了国内外农业科研机构、领域专家、科研项目、科技成果等资源构建了科技规范化文档；构建了汇集精品信息资源的农业热点门户导航体系，实现了专题网络信息资源的有效揭示与导航；构建了包含科研主体、科研条件、科研活动和科研产出等核心要素的科研本体描述框架，并基于科技规范化文档构建科研本体实例库。农业叙词表、科研本体、科技规范文档、网络资源导航体系等构成了多层次农业知识组织体系，为开展语义推理、智能分析、知识关联等多维知识服务提供语义支持。

（二）“一站式”公共集成服务平台建设

以面向科研人员提供基础性、普惠式服务为目标，通过资源整合和服务集成，研究建立了“一站式”公共集成服务平台——“中国农业科技文献与信息集成服务平台”（NAIS 平台），提供网上文献检索、全文获取、原文传递、定题服务、参考咨询等服务。

1. 平台体系架构

集成服务平台采用基于层服务模型的体系架构（图 2），包括 5 个部分。

（1）网络软硬件环境支撑层。主要提供安全、稳定、畅通的网络基础设施和数据存储支持。

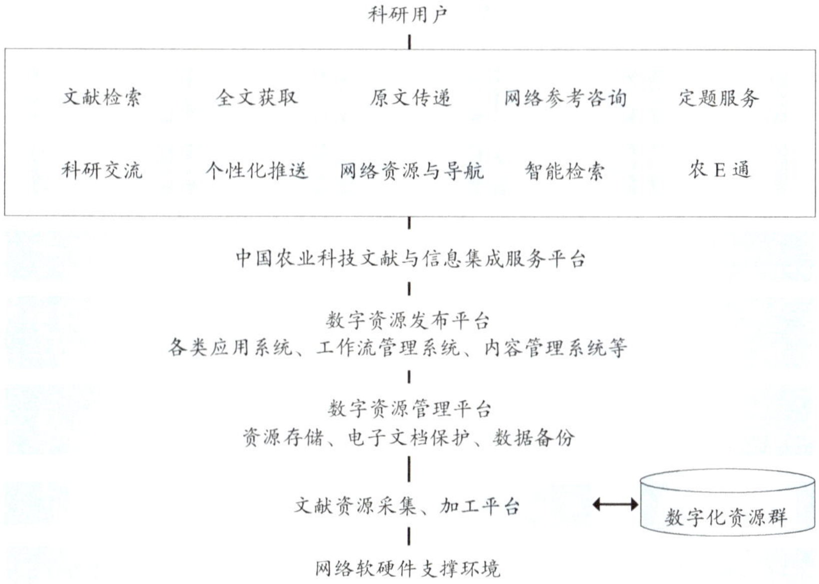

图 2　集成服务平台体系架构

（2）文献资源采集加工层。实现纸质文献数字化、网络信息的自动采集和智能处理。

（3）数字资源管理层。负责数字资源的科学组织、高效存贮和管理保护。

（4）资源发布层。面向不同应用进行资源的提取、调度与发布服务。

（5）集成服务平台门户。作为平台与用户的交互界面，面向用户提供一站式集成服务。

2. 主要服务功能及实现的关键技术

（1）集成检索服务。

基于全文检索、元数据整合、WEB 页面分析、链接解析以及数据访问 API 等技术，实现农业综合科技数字资源的“一站式”检索服务，使用户能够方便地同时检索多个数据库资源。

（2）全文获取服务。

通过开放链接、用户情境敏感等技术，实现数字资源电子全文链接的无缝集成，方便用户及时获取文献全文。

（3）原文传递服务。

基于电子商务理念建立远程文献传递与馆际互借系统，提供从原文选择、订购、付款，原文发送和接受的电子商务服务模式。

（4）网络参考咨询服务。

基于*Ajax*、即时通信及可视化交互等技术，建立了网络在线咨询问答系统，由农科院专家为用户提供科技在线实时咨询服务。

（5）定题服务。

针对科研用户在科研项目申报、研究、结题等各环节的信息需求，提供专题信息检索跟踪、搜集、综合、分析以及报告等知识型产品服务，为用户掌握国内外发展现状及趋势提供科研参考。系统支持用户查询定题知识库、提交定题订单、支付费用以及服务人员后台订单查询与处理、报告及附件提交、定题库维护等功能。

（6）个性化推送服务。

基于用户行为日志挖掘分析、用户兴趣相似度计算等技术，为用户提供与其研究兴趣密切相关的文献信息个性化定制与推送服务。

（7）网络资源导航。

深入揭示与组织农业及相关学科核心网络资源，引导用户按照学科层次关系查找其感兴趣的信息。

（8）智能检索。

基于开源的企业级全文搜索引擎*Solr*、*lucene-SKOS*插件等，构建资源多维语义索引和智能检索组件，提供基于语义的查询条件重构、分面检索、相似文献检索、中英双语检索、语义智能导航等功能。

（9）移动科研支持服务—农 E 通。

基于虚拟专用网络 VPN 技术与 USB 移动智能卡进行用户身份认证，设计和开发了定制移动设备农 *E* 通，为农业科研人员构建便捷获取文献的绿色通道，使科研人员可以随时随地查找和获取各类科技文献资源。

（三）个性化深层次知识服务体系及技术平台构建

个性化深层次知识服务体系包括面向研究所、课题组和个人的数字化科研信息环境，面向学科领域的知识服务系统，面向情报研究与决策支持的服务系统以及基于社交网络的农业科研交流与协作系统，是现代科研环境下服务能力拓展的重要内容。

1. 面向研究所、课题组和个人的个性化数字科研信息环境

以提高一线科研人员信息利用能力和科研创新能力为目标，围绕研究机构、创新团队、课题组、重点实验室、科学家个人的科研活动，构建集知识发现与获取、科研交流与协作、知识管理与共享、知识关联导航等于一体的数字科研信息环境，实现用户科研过程、图书馆信息服务以及互联网信息环境的有机融合。

（1）体系架构设计。

面向科研一线的个性化数字科研信息环境依托一站式公共集成服务平台（NAIS 平台）建立，采用基于“云服务”的技术架构（图 3），实现国家农业图书馆与各专业研究所之间以及与其他信息服务机构之间的资源与服务共享。通过对 NAIS 平台的核心功能模块进行封装、云化，开发形成云服务组件，并加入

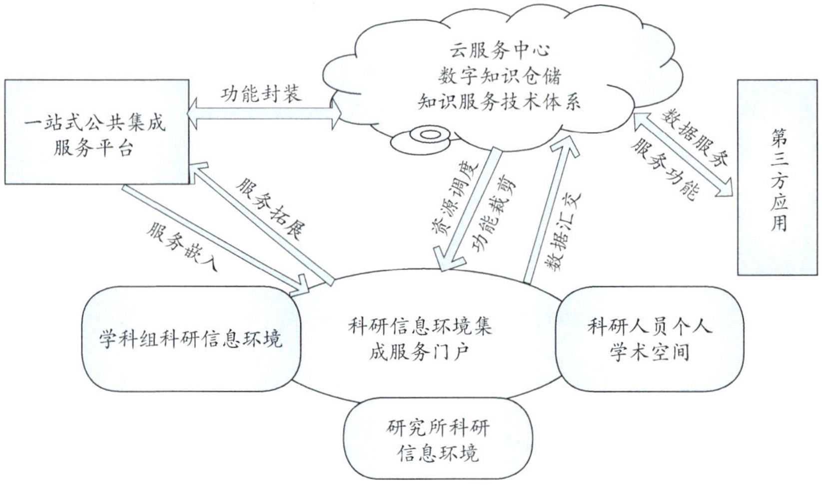

图 3 数字科研信息环境体系架构

云服务中心；云服务中心负责数字知识仓储中各类资源以及知识服务技术体系各项服务功能的协调和调度，并面向研究机构、学科团队、科研人员进行灵活的资源与服务功能的裁剪与组配，快速构建科研信息环境集成门户，同时通过标准接口或协议向第三方应用提供数据与功能服务；集成门户实现 *NAIS* 平台服务的嵌入与拓展，并向云服务中心汇交云端数据。“云服务”模型的建立不仅有效解决了单馆、单机构在资源、技术和服务上的局限性，还为科研人员提供了更广泛、便利的服务。

（2）主要服务功能及实现的关键技术。

个性化数字科研信息环境采用 SOA 体系架构，所有功能模块都采用规范的模块化标准，各部分可独立应用，也可集成应用，具体包括以下功能模块。

云服务中心。提供对通用和可复用的资源、工具、系统的统一管理，以 OPEn API、Web Service 服务等形式为最终的应用服务提供云端调用。

科研信息环境集成服务门户。支持面向不同用户群体进行个性化门户的定制和特色资源的建设与集成应用。

知识发现与获取服务。基于元数据整合、元搜索等技术实现分布式农业知识资源检索、在线阅读和下载服务。

知识导航服务。基于知识抽取、知识聚类技术，实现领域内的学术期刊、专业会议、专业网站、研究机构、科研人员、科研项目以及学术成果等科研要素资源的导航服务。

机构知识仓储。基于知识管理技术提供机构人员的学术论文、专著、专利、软件著作权等科研产出的收集、保存、组织、管理和应用服务。

学科组科研信息环境。提供学科团队的知识管理与科研成果展示、承担科研项目、科研资料的共享以及在线组内讨论等服务。

科研个人学术空间。提供科研人员的个人知识管理与共享，以专家黄页的形式展示教育背景、科研经历、学术成就等信息。

情报分析服务。提供领域科研动态和学术热点动态追踪等深层次情报服务。

2. 面向学科领域 / 专题的知识服务系统

针对专业领域知识的分散、无序使得日益增长的专业化知识化服务需求难以满足的现状，开展领域知识的识别、筛选、格式化抽取，以及知识关联推荐、知识地图导航、知识展示与知识推送等关键技术研究，建立领域知识服务系统。

（1）体系架构设计。

领域 / 专题知识服务系统采用组件化、可扩展的系统体系架构（图 4），包括 4 个部分。

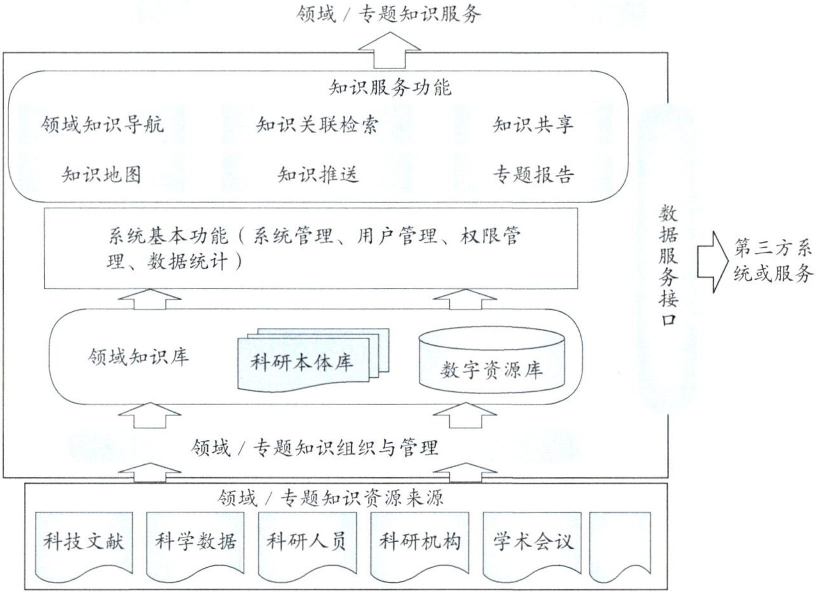

图 4　领域 / 专题知识服务系统体系架构

领域知识服务核心功能，即系统提供的核心服务。

领域知识组织与管理，用以领域知识服务系统的内容建设，构建领域知识库。

数据服务接口，支持向第三方系统提供资源及服务功能，拓展系统应用服务模式。

系统基本功能，支持系统正常运行的维护与管理功能。

（2）主要功能及关键技术实现。

领域知识导航。基于科研本体，面向专业领域或者专题进行信息资源重组和知识链接，实现领域内专家、机构、项目、成果、文献、数据等领域知识资源的导航关联。

知识关联检索。通过揭示领域信息的内容关联和特征项所隐含的内在关系，实现资源、领域专家、科研机构、科研活动、科研条件之间的关联检索。

知识共享服务。支持机构、团队和个人知识的收集、保存、管理和共享。

知识地图。基于信息可视化技术展示专业领域知识的组成结构、知识关联、发展变化等信息，帮助用户快速、准确的对知识进行定位和获取。

知识推送服务。基于个性化推送技术，向用户推送相关文献、相似研究兴趣的其他用户及相似用户关注的资源。

专题报告。提供由学科服务人员搜集整理或撰写的与该学科领域（或重大专项）紧密相关的科技简报或专题报告。

领域知识组织与管理。包括：本体管理，实现科研本体中类、数据属性、对象属性等的管理维护以及本体实例的构建；综合科技信息管理，支持科技文献、科学数据等领域综合科技信息资源的采集、加工和保存。

数据服务接口。基于 *Web Service*、*XML* 等协议或标准对知识地图等系统功能进行封装，形成功能调用 API 和标准数据访问接口，便于第三方采用 *MashUp* 等组件式技术或数据接口调用本系统相关知识服务功能。

3. 面向管理决策的信息监测与服务平台

网络信息内容丰富、时效性强，但其数量庞大、分散无序，给管理决策人员全面有效地掌控网络舆情及事件发展趋势造成极大不便。针对这一难题，利用先进的网络信息监测与采集、智能分析技术，建立网络信息监测与服务平台，对互联网上某一农业突发或重大事件的进展新闻报道、政府信息发布、权威机构预测以及相关科普知识等内容进行监测；实现网络信息资源和馆藏文献资源的重构、整合和利用，为各类农业突发事件的信息收集、整理、发布和快速处置提供快速通道，有效支持网络敏感信息监控、情报收集、舆情分析、行情跟踪等特色服务的开展，为管理决策提供信息支持。

（1）系统总体结构。

系统由调度中枢、网络蜘蛛、知识抽取、智能代理、站点内容管理等5个子系统组成（图5）。其中，调度中枢是该系统的核心部分，负责各种任务的分配、子系统间的消息转发及各子系统的调度；网络蜘蛛从用户设定的来源站点采集数据，智能代理负责对所抓取的数据进行分析过滤，按站点、频道、关键词、或其他分类模型对数据进行自动分类，保存网络信息库；知识抽取负责从科技文献数据库及网络信息库中进行专题信息的提取，形成专题数据库，并通过站点内容管理按选定的风格发布为专题信息监测与服务平台。

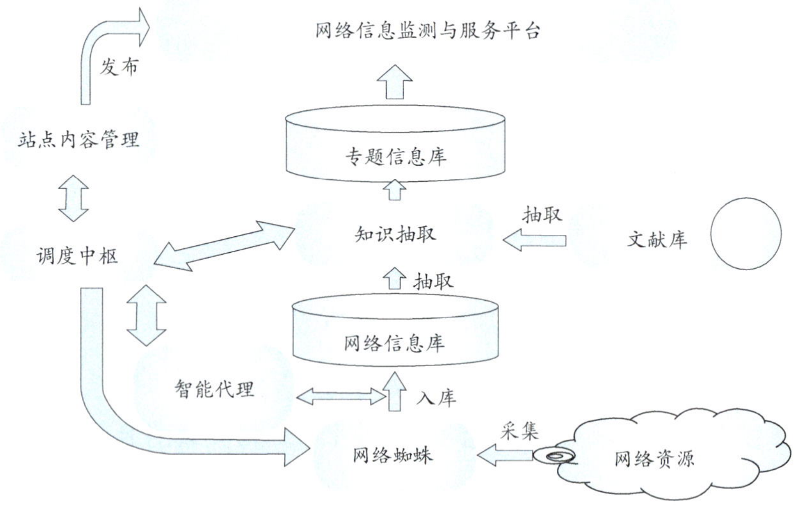

图5　网络信息监测与服务平台系统总体结构

（2）主要功能及实现的关键技术。

网络信息采集。包括采集网站管理与采集策略及参数配置、专题采集管理、音视频信息采集管理、任务分配调度等功能，并基于网络蜘蛛、链接解析技术实现网络资源的抓取。

据智能处理与分析。实现抓取信息的格式及编码转换、内容过滤、自动重排、元数据抽取，并基于智能分析、自动分类技术，实现对抓取文本的自动摘要和自动分类，并生成网页快照。

专题知识抽取。基于知识抽取技术，从科技文献数据库和网络信息库进行特定专题信息的抽取形成专题信息库。

站点管理与内容发布。基于内容管理（*CMS*）技术提供网络站点或专题的动态构建，支持多种风格的内容发布模板。

数据挖掘分析。基于数据挖掘技术实现对专题信息的挖掘分析，实现特定重大或突发事件的舆情监测与智能预警、发展动态与趋势分析。

4. 基于 Web 2.0 技术的科研交流与协作系统

为满足网络环境下学术交流和科研协同的需求，打破传统系统单向信息流动的壁垒，基于 *SNS* 的学者网络、*WIKI* 等 *Web* 2.0 技术构建了科研交流与协作系统，支持协同工作环境的创建和知识资源的共享。

（1）系统总体架构。

图 6 展示了系统的层次体系架构，包括：终端应用层、核心业务层和技术支撑层。其中，终端应用层支持用户通过不同的终端设备登录系统进行访问及操作；核心业务层提供科研协同、知识共享、知识社区、学者网络等核心应用系统；技术支撑层提供用户统一认证机制、情景敏感、*Web* 应用程序、集成配置管理工

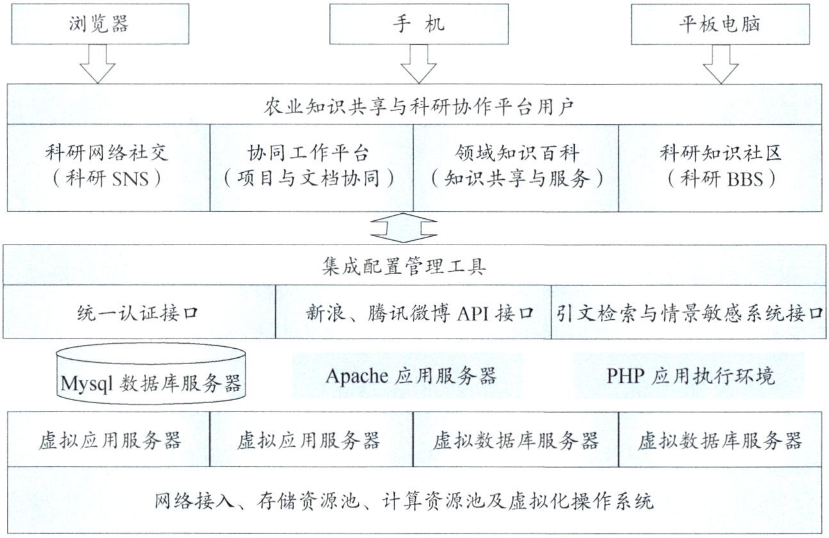

图 6　科研交流与协作系统总体架构

具等。

（2）核心功能与关键技术实现。

科研协作。通过改造和优化开源在线协作系统 Feng Office，构建了科研协作核心功能模块和应用插件，实现网络环境中的科研人员、文献、数据等各类资源的有效集成，提供嵌入科研流程的科研文档协同编辑、科研文献资源管理与调度、学术活动组织与管理等功能，支持科研团队成员间通过互联网及移动终端发送、接收、回复和查看电子邮件、短信，实现成员间无障碍科研交流。

学者网络。基于开源的 thinkSNS 构建学者网络。支持用户发起学术活动、组织学术会议，提供在线报名、日程管理、会议文献上传等功能。

知识共享。对 MediaWiki 进行汉化和个性化改造，构建农业知识百科，实现词条创建与管理、词条查询、条目评价、用户排行、热词排行等功能。

学术社区。提供受权范围内的社区型论坛，便于科研人员根据自己所在的学术领域参与对应的领域论坛。支持对活跃度较高的用户，热门转发，热门回复，热门话题，粉丝排行榜等信息的浏览与互动。

系统集成。基于 Ucenter 技术实现了 Feng Office、thinkSNS 和 MediaWiki 之间的信息同步和账户集成、用户同步登录，建立了与新浪微博、QQ、邮件系统等第三方网络应用程序的挂接，提高了用户体验。

三、结　论

本研究建立的多维知识服务体系已经面向中国农业科学院、部分省市农业科学院乃至全国农业科研用户开展应用服务，在农业科研项目申请、科学研究、成果申报、农业科技成果转化以及研究生培养等方面发挥着重要的支撑作用。同时，利用建立的农业热点及重大事件信息监测与服务平台在农业科技动态监测、农产品质量安全信息监测以及农业突发事件中提供了及时有效的信息支撑和决策参考。

总之，随着科研环境的变化发展，知识创新和应用已经成为科技创新最重要的组成部分，科研工作者要想站立在世界农业科学研究的最前沿进行创新性研究，就必须准确把握科技发展态势、灵活地发现和创新知识、有效地组织和传播知识。这就要求文献信息服务要以新的机制、新的能力来更有力地支持科技创新和科技决策，成为真正意义上的科研参谋，并成为科技创新不可或缺的组成部分。农业多维知识服务体系将在实践中不断完善和优化，为我国农业科技创新和科技决策提供更强有力的知识保障和服务支撑。

罗利军

罗利军，上海市农业生物基因中心首席科学家，博士生导师。植物遗传改良国家重点实验室教授。国家百千万人才工程第一、二层次人选。享受国务院政府特殊津贴。

长期从事水稻遗传资源的基础与应用基础研究，研究领域涉及稻种起源与演变、遗传资源的收集与保存，优异稻种资源的鉴定评价和利用，重要基因的发掘与种质创新、水稻杂种优势的理论与实践、节水抗旱稻的研究等。先后主持包括国家科技攻关专题、国家自然科学基金重点项目、国家“973”计划子课题，国家“863”计划、美国洛克菲勒基金，农业农村部、浙江省和上海市等重点项目。建立了国际一流的作物抗旱性研究设施及评价方法—土壤水分梯度法，利用这一方法，发掘出86份抗旱种质，广泛应用于我国抗旱性育种与相关研究中；选育出我国南方第一个国定审定的旱稻品种‘中旱3号’和世界上第一个旱稻不育系‘沪旱1A’，使“杂交旱稻”在全球实现零的突破；定位了一批与抗旱性密切相关的基因（*QTL*），克隆了数百个与抗旱性相关的基因，提出水稻生殖生长期抗旱性和耐旱性具有不同的遗传基础，在国际遗传学权威刊物 *Genetics* 和 *Theoretical and Applied Genetics* 上发表；发掘出 100 多份广亲和资源，选育出著名广亲和恢复系中 413，进而在我国首次采用三系法育成了亚种间强优势杂交稻组合协优 413，获国家发明专利；有关杂种优势的理论，提出了“超显性的互作位点是杂种优势与近交衰退的主要遗传基础”等具有重要科学意义的学术观点，连续发表于国际遗传学权威刊物 *Genetics* 上。对水稻产量及其构成因子、株型与穗型、稻米品质、稻飞虱、稻白叶枯病抗性进行了相关基因定位与分子遗传基础研究，定位了一批相关基因，提出了一些重要的学术观点。共发表论文一百多篇。有关表观遗传机制在水稻适应旱田生长环境中的作用分析、干旱响应主效基因通过常规杂交育种以网络形式聚合、水稻抗旱性的全基因组关联分析等在 *Frontiers in Plant Science*、*Nature* 子刊 *Scientific Reports* 连续发表。主编出版《稻种资源学》，该书是第一部系统地对整个稻种资源研究进行高度概括和探索的著作。在对水稻节水抗旱特性进行长期的研究与思考的基础上，提出了“节水抗旱稻（Water-saving and Drought-resistance Rice, WDR）”的学术思想，发表于国际植物抗逆领域权威刊物 *Joumal of ExPErimental Botany*。节水抗旱稻相关行业标准于 2016 年实施。

相关研究成果分别于 2005 年、2007 年和 2015 年获得上海市科技进步奖一等奖；2010 年获得上海市技术发明奖一等奖；主持的“水稻抗旱基因资源挖掘和节水抗旱稻创制”于 2013 年获得国家技术发明奖二等奖。

节水抗旱稻及其发展策略

罗利军　梅捍卫　余新桥　刘鸿艳　冯芳君

水稻是我国最主要的粮食作物之一，在历史上对于保障我国的粮食安全发挥了重大的作用。半个多世纪以来，以不断提高水稻品种产量为主要目标的水稻育种一直受到广泛的重视。20 世纪 60 年代的矮化育种和 70 年代中期的杂交水稻培育成功，实现了我国水稻单产的重大突破。但是，20 世纪末以来，我国水稻生产平均单产长期徘徊，自 1996 年首次每亩达 400kg，2001 年达历史最高值每亩 421kg，2002 年回落到每亩 399kg 之后，一直未有实质性的突破。

为进一步提高水稻品种的产量潜力，20 世纪 90 年代中期我国启动了以利用亚种间杂种优势的超高产育种计划（后又称之为超级稻计划），选育了一批亩产达 700kg 甚至 800kg 的超级稻品种，如本课题组育成的我国首例三系法亚种间组合协优 413，1994 年在浙江省安吉县孝丰镇种植，亩产达 759kg。但是，尽管现有超级稻在良好的栽培条件下表现较大的增产潜力，但难以在大面积生产中得以实现。其主要原因是我国稻田质量难以满足现有超级稻品种的生长需求。我国稻田 65% 以上的为中低产田，其中干旱是最主要的限制因子之一。我国西北地区长期缺水、华北地区旱灾频繁。由于雨量分布在季节上不平衡，旱灾在长江流域和华南稻区的发生也较为频繁。一旦发生干旱，水稻将大幅度减产。事实上，20 世纪 90 年代以来，我国每年平均受旱面积达

2.667×10^{7} hm^{2}，造成粮食减产 $7\times10^{10}\sim8\times10^{10}$ kg。因此，培育和推广抗旱的水稻品种，对于稳定和提高中低产田的产量水平，具有重要的意义。另外，我国又是贫水大国，人均水资源占有量仅 2 200m^{3}，仅为世界平均水平的 1/4，而水稻又是用水大户，我国农业用水 3.92×10^{11} m^{3}，占用水总量的 70.4%。其中水稻生产用水占农业用水的 70%。从粮食安全的角度考虑，至 2020 年我国粮食产量需达到 6 亿 t，尚需增加农业用水 1.2×10^{11} m^{3}，而实际上，未来 30 年我国农业用水只能维持零增长或负增长，因此水资源已成为 21 世纪我国粮食安全的瓶颈。培育节水的水稻新品种，节约水稻用水必然成为农业节水的一条主要途径与措施。

长期以来，由于水稻对水分的过度依赖形成了目前水稻种植田间保留水层的习惯，不但造成大量的温室气体排放，全球稻田甲烷排放量占总排放量的 9% ～ 30%，我国 2000 年稻田甲烷排放量达到 6.02 Tg；而且伴量施用的化肥、农药等随多余的灌溉水流入江河湖泊，导致江河湖泊的富营养化，农业面源污染已成为最主要且分布最广泛的面源污染。显然，最大幅度地减少水稻淹水时间，实现水稻旱种，是减少甲烷排放和面源污染的有效途径。同时，针对我国淹水种植水稻带来籽粒中砷的积累的问题，2008 年 7 月 *Science* 以“砷与水稻：忽视了的癌症危险”为题进行了报道，提出的有效解决办法之一是实现水稻旱种，可显著降低土壤中砷向稻米的转移。而水稻旱种迫切需要抗旱的水稻品种。

一、节水抗旱稻

栽培稻（*Oryza sativa* L.）由普通野生稻（*Oryza ru-*

fipogon L.）进化而来。野生稻起源于干湿交替的沼泽地带，属于中生植物，对水生和旱生环境具有双重适应性。在野生稻往栽培稻的长久的演化过程中，形成两类对水分需求不同的生态类型：一类是适应于水生环境的水稻；另一类是在干旱条件下完成其生长发育过程的旱（陆）稻。水稻与旱稻在植物学和生物学上均没有显著区别，其差异在于抗旱性不同，旱稻抗旱性强，而水稻抗旱性差。水稻是基本型，旱稻则是由水稻的籼粳型、中稻或晚稻的环境适应性变异而生成的变异型。

从全球范围看，水稻的品种改良一直是农业研究的热点。通过半个多世纪的努力，在不断改善水稻灌溉条件的同时，水稻新品种的培育取得了重大的进展，形成了大量的高产优质的水稻品种。相比之下，旱稻的研究大为滞后。我国旱稻栽培历史悠久，在广西云南等山区，尚有在山坡上种植旱稻的习惯。当地山民一般在 3 月下旬上山直播，待清明下雨种子吸水萌发，至 11 月种子成熟时上山收割。旱稻产量极低，但具有较强的节水抗旱性，其需水量仅为水稻的 1/3 至 1/4。我国旱稻资源丰富，已编入《中国稻种资源目录》的地方旱稻品种达 3 103 份。

节水抗旱稻是指既具有水稻高产优质特性又具有旱稻节水抗旱特性的一种新的栽培稻品种类型。它是在水稻高产优质研究的基础上，引进旱稻的节水抗旱特性而育成的新品种。在灌溉条件下，节水抗旱稻的产量、米质与水稻基本持平，但可节水 50% 以上；在望天田，具有较好的抵抗干旱的能力（或基本具有旱稻品种的抗旱能力）。在栽培上，节水抗旱稻简单易行、投入低、节能低碳环保。

应该指出的是，节水抗旱稻的节水抗旱特性是一个总的概念，至少包括3个方面的内涵：节水性、抗旱性和水分利用效率高。

二、节水抗旱稻的特性

节水抗旱稻的节水、抗旱与水分利用效率是3个相互联系而又有所区别的概念。节水是指节水抗旱稻有效利用雨水和节水栽培的能力；抗旱是指在干旱条件下维持高水势保持正常生理功能的能力；而水分利用效率是指以最少的水分消耗来获得最大经济产量的能力。

（一）节 水

节水抗旱稻的节水特性是指在其生长发育过程中减少水分消耗的能力，广义地讲，包括如何有效地利用降水和提高作物的水分利用效率，最终实现节水抗旱稻的节水栽培。

在以往的研究中，作物逃旱性被认为是作物适应干旱的方式之一，属于抗旱的范畴。实际上，通过调节生育进程避免干旱的影响，在干旱来到之前成熟或作物水分敏感期与雨季高峰一致从而避过干旱，反映了作物利用降水的能力。

水稻的一生对水分的要求不一。有充分的证据表明，苗期干旱与成株期干旱对水稻的产量影响不同。孕穗期与灌浆乳熟期是对水分最敏感的时期。在水分敏感期充分利用降水或根据水分供应条件进行节水种植，可实现节约水资源的目的。

作物水分利用效率涉及两个方面的范畴：一是作物维持正常生理代谢活动所需的生理需水量；二是在一定的水分状态下作物的生产能力。作物的水分利用效率与抗旱性不同，抗旱性强的品种不一定水分利用效率高，反过来水分效率高的品种不一定抗旱。从提高水分利用效率上讲，品种的产量潜力往往比抗旱性更为重要。

表 1 为旱稻品种‘中旱 3 号’与水稻品种‘汕优 63’在不同需水量条件下的产量与水分利用效率。在灌水量为 5 250m^3/hm^2 的情况下，‘中旱 3 号’达到其产量最高值，为 3.10t/hm^2，水分利用效率为 0.59kg/m^3；而‘汕优 63’大幅度减产，仅 3.45t/hm^2，水分利用效率为 0.66kg/m^3。显然，前者虽然抗旱性比后者强，但水分利用效率低于后者。在灌水量达到 7 500 m^3/hm^2 时，‘中旱 3 号’产量变化不大，水分利用效率大幅度降低；但‘汕优 63 号’产量达到最高值，为 6.38t/hm^2，水分利用效率上升到 0.85kg/m^3。

表 1　水旱稻品种的水分利用效率

品种	灌水量（m^3/hm^2）	产量（t/hm^2）	水分利用效率（kg/m^3）
中旱 3 号	3 000	0.90	0.30
	5 250	3.10	0.59*
	7 500	2.74	0.36
	9 750	2.88	0.30
汕优 63	3 000	1.16	0.37
	5 250	3.45	0.66
	7 500	6.38	0.85*
	9 750	6.25	0.64

注：“*”代表水分利用效率最大的情况

（二）抗旱性

不同学科的学者对抗旱性的关注与理解不同。植物生理学家认为，抗旱性是植物在水分缺乏环境下可以生存的能力；而农学家则更关注在干旱条件下的作物产量，将抗旱性定义为作物在大气或土壤干旱条件下生存和形成产量的能力。事实上，作物的抗旱性极其复杂，至少涉及 3 个重要的生理范畴：一是干旱条件下作物维持高含水量。二是作物在低含水量的情况下保持其生理功能。三是旱后作物含水量和功能的恢复。目前，比较一致的看法是抗旱性的内涵包括3个方面。

1. 避旱性

避旱性指作物在干旱的条件下减少失水或维持吸水，从而保持高水势的能力，主要是通过发展强大的根系来吸收水分并运转至地上部分和通过适量关闭气孔或不渗透的角质层来减少水分散失。与水稻相比，旱稻，如LAC23和*Azucena*，都具有深根性的特点，可以从更深的土层中吸取水分。此外，根数量及根粗等特点也有利于根系吸水。地上部分叶片表面覆盖叶毛和蜡质层等有利于减少水分的散失。

2. 耐旱性

耐旱性指作物在叶片水势低的情况下维持代谢的能力，主要是指在干旱条件下，植物通过细胞内渗透调节物质的主动积累，进而增加渗透调节的能力以维持较高的膨压；另外，还包括在干旱条件下植物清除体内所积累的有害物质、抗氧化能力的提高、细胞膜稳定性好等，使植株组织器官在低水势下仍有较多的束缚水含量，细胞受损伤小，可以保持低代谢水平下的长时间存活力。

3. 复原抗旱性

复原抗旱性指作物在经过一段时期的干旱后的恢复能力，主要指植株耐干化、耐脱水及恢复生长的能力。田间往往表现在新叶或新分蘖的长出。如在我们的研究中，发现复水后，一些抗旱品种能迅速形成高位分蘖并获得较高的结实率。

应该指出，通过关闭气孔减少失水和耐干化都是以降低产量为代价的。事实上，植物的抗旱性往往是上述能力的综合表现。在干旱的早期，避旱性起主要作用，而随着干旱的加重，耐旱性被认为是抗旱性的第二道防线。在水稻品种资源中，不同抗旱资源在不同特性（避旱性、耐旱性和复原抗旱性）上表现优势。本文所指的节水抗旱稻的抗旱性主要是避旱性（保持吸水与不影响产量的保水能力）和耐旱性（渗透调节与抗氧化等）。

三、节水抗旱稻的发展策略

（一）建立科学的节水抗旱性评价体系

水稻的节水抗旱性极其复杂，其表现是品种基因型与生长环境相互作用的结果。由于环境条件对于抗旱性的表达有着十分重要的影响，植物抗旱性的准确鉴定一直是抗旱性研究获得成功最为关键的因素。Blum 指出，过去抗旱性研究进展不大的主要原因是抗旱性鉴定技术与标准难以反映植株的实际生长状况。目前，研究者们对抗旱性的鉴定方法已基本达成共识，认为准确地鉴定品种的节水抗旱性，必须建立科学的鉴定设施和合理的评价标准。鉴定设施必须最大限度地模拟大田生产实际，并可进行有效的水分控制。

高渗溶液法和盆栽（根管）法是研究人员常用的方法，但是由于是在室内或大棚内进行，且其根系生长环境与大田有实质上的区别。而一些在大田进行的抗旱研究把实验材料分别种植在不同的田块（如旱田和水田），难以达到除水分供应以外的一致环境，如土壤和光温等非水分胁迫因素的影响，从而降低了实验的可靠性和准确性。近年来，上海市农业生物基因中心建立了“基于土壤水分递度”的鉴定设施，可在同一田块实现对同一基因型进行不同递度的灌水处理，排除了在不同田块进行水旱两种处理所存在的环境误差。利用这一设施，本课题组系统地对我国早期筛选的水稻抗旱种质资源进行了重复鉴定，获得了一批稳定的抗旱资源，并利用这一设施，对一套作图群体进行了表型鉴定，定位了一批与水稻抗旱性相关的QTL。

在育种实践中，可根据不同的目标环境设计不同的抗旱鉴定条件，在严格的干旱条件下对分离世代进行筛选，有望获得抗旱性强的后代。从20世纪末开始，本课题组利用常规水稻品种与旱稻品种杂交，在海南（冬季干旱）和浙江山区旱地对分离世代进行筛选，成功地选育了一批节水抗旱稻品种，其中‘沪旱3号’和‘沪旱15号’分别于2004年和2006年通过国家品种审定委员会审定，在全国推广应用。

除鉴定条件外，合理的评价标准也同样重要。近30年来，大量的研究提出，包括干旱下植株的形态变化（如卷叶）、水分状况（如叶片相对含水量）、农艺性状（如结实率）以及生理物质变化（如脯氨酸含量）及群体冠层温度等可作为抗旱性的评价指标。本课题组的研究也说明，冠层温度和穗水势可用于抗旱资源的初步筛选。但是，由于节水抗旱稻的最终目标是在水分胁迫下获得较好的产量，以产量为依据的指标更为可靠。事实上单个性状与抗旱指数有时并不一致。例如，我们利用抗旱指数为指标，获得了不同抗旱级别的标识品种，仔细调查这些品种的叶片相对含水量、结实率，其具体表现与抗旱级别不一致，受干旱影响结实率下降幅度较大的标识品种其抗旱级别反而较高。

（二）建立节水抗旱核心基因资源

长期以来，尽管不少研究筛选了大量的节水抗旱资源，但尚未从总体上对这些资源进行细致的研究。从20世纪中叶开始，在系统地收集与保存我国水稻品种资源的同时，进行了稻种资源的抗旱性鉴定，国际水稻研究所也大规模地对所收集的资源进行了抗旱性筛选，这些工作虽然获得了一批抗旱资源，但这仅仅是在抗旱性综合表现的结果，没有真正从节水抗旱机制的层面去鉴别种质资源，后续的工作也往往是不同学科的科学家根据不同的目的选择 1 个或几个材料进行研究或利用。值得指出的是，由于受经费与鉴定条件的限制，加上当时对水稻抗旱性内涵理解的局限性，我国早期鉴定出的抗旱资源的抗旱性尚待进一步研究。

实际上，在水稻节水抗旱资源中存在节水抗旱类型的多样性。如前所述，节水抗旱性存在着不同的生理机制，一个品种的抗旱性表现可能是某种机制起主导作用，也可能在干旱的不同时期（胁迫程度不同）起主导作用的机制不同，或几种机制共同起作用。

近年来，利用“土壤水分梯度”鉴定设施，我们对从世界范围内收集的抗旱资源进行了主要农艺性状、生理性状、叶片解剖性状的鉴定，发现不同来源的抗旱资源对抗旱的适应机制不尽相同。就形态性状而言，有的品种具有较强大的根系，表明具有较强的吸水特性；有的品种叶片蜡质层较厚，表明有较好的保水性。

本课题组近年来对来源不同的抗旱品种进行了水分胁迫下的渗透调节（可溶性糖、可溶性蛋白和脯氨酸）和抗氧化（SOD 和 POD）相关性状进行了调查，发现水分胁迫后，抗旱品种的 3 个渗透调节相关性状都有所增加，但各性状在品种间的增加幅度不同，2 个抗氧化相关性状也表现相似的变化。结果表明，不同的抗旱品种中渗透调节与抗氧化的能力不同，而且，渗透调节物质含量也存在差异。不同的抗旱品种其主要耐旱机制不同。

综上所述，水稻节水抗旱资源中，存在抗旱机制的多样性，有必要系统地对这些资源进行深入的研究，对抗旱资源进行抗旱性状表现与机制的分类，建立节水抗旱核心资源。在此基础上，进行相应深入的生理、遗传与分子生物学研究。

（三）利用极端环境采用常规杂交育种方法是培育节水抗旱稻的有效途径

节水抗旱稻育种基于 2 个重要基础：一是具有强抗旱能力的旱稻种质资源；二是具有优良特性的现代水稻育成品种（杂交稻的优良不育系和恢复系）。前者抗旱性好，但在产量水平、稻米品质和抗病虫性等方面存在一项或者多项缺点；后者具备综合农艺性状、产量潜力、稻米品质和抗病虫性等优良特性。这两类资源是发展节水抗旱稻的物质基础。利用抗旱能力强，综合农艺性状和地区适应性好的旱稻资源作为抗旱性的供体亲本，选择最新育成的水稻品种（品系）、杂交稻保持系和恢复系等材料作为受体亲本，是培育节水抗旱稻的最基本的策略。

根据目标区域，即所育成的品种将要推广种植地区的生态特点，确定以大田产量为目标导向的选择方法。在杂交和回交世代中，要建立大规模的分离群体，在 F_2 群体、F_3 ～ F_6 等世代的家系中进行多次高强度的干旱胁迫筛选，早期世代的淘汰率往往达到 90% 以上。在我国，可充分利用海南冬季干旱少雨的特点，进行大群体的抗旱性筛选。

近年来，笔者采用常规杂交育种方法，利用高产优质的水稻品种与抗旱性好的旱稻品种杂交，在海南冬季或浙江安吉山地种植 F_2 分离群体，主要是进行抗旱性筛选；在上海正季种植（水种旱管），着重于生育期和产量性状的选择；通过在海南、安吉、上海进行穿梭抗旱筛选，获得稳定的高世代株系后，进一步在“土壤水分梯度”抗旱鉴定设施内进行抗旱性评价，同时针对不同的推广种植区进行生育期、抗病虫和米质鉴定，最后通过综合评价，选出优良株系提交多点试种、品种比较实验与区域实验。生育期选择主要指针对两季稻地区选择早稻晚稻，长江流域选择中稻。抗病虫筛选包括在我国南方稻区普遍发生的稻瘟病，主要在籼稻中发生的白叶枯病及粳稻中发生的条纹叶枯病。米质选育主要包括支链淀粉含量和香味等。根据上述选育方法及指标，笔者选育了‘沪旱 15’等节水抗旱稻品种并通过国家新品种审定（图 1)。

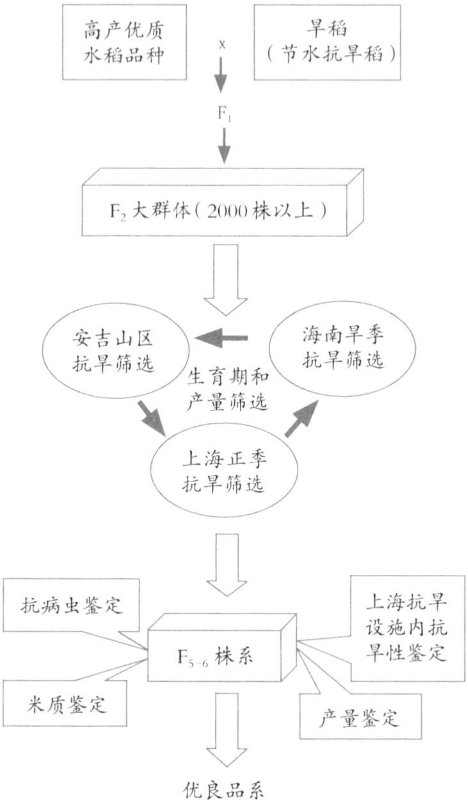

图 1　常规杂交育种方法培育节水抗旱稻

（四）重视基于育种成果的基础研究

半个世纪以来，节水抗旱性研究一直是生命科学研究的热点。随着现代分子生物学的发展，有关抗旱性的遗传与功能基础研究愈来愈受到重视。两条途径被广泛应用：一是通过单个抗旱亲本构建群体，进行表型与基因型鉴定，对抗旱相关的基因（*QTL*）进行分子标记定位，进而通过精细作图，实现重要 *QTL* 的图位克隆。二是通过创造筛选抗旱（或旱敏感）突变体，进行抗旱候选基因克隆，并在实验室的条件下进行功能验证。至今，大量的 *QTL* 定位结果被发表，研究人员获得了大量的抗旱 *QTL* 连锁标记，克隆了一批抗旱相关候选基因与转录因子（http：//www.plantstress.com），并应用于育种实践。但是，正如 2008 年 *Science* 所报道的，虽然现已发表了大量的抗旱研究论文，涉及大量的抗旱基因，但在田间未显现效果。事实上，尚无利用这些研究所发现的 *QTL* 和克隆的基因育成品种的报道。

与此不同的是，通过常规杂交育种已培育出一批节水抗旱稻并应用于生产，表现明显的节水抗旱特性。由于抗旱性极其复杂，涉及大量基因的功能及其转录调控机制，单个基因的转移难以获得理想的效果。常规育种往往是用抗旱性强的旱稻品种与高产优质的水稻品种杂交，在严格的水分胁迫条件下对分离世代进行筛选，这种自然的选择压促使了抗旱相关基因的聚合。

从 2000 年开始，我们利用旱稻品种 IRAT109 为供体进行了遗传与育种研究，一方面，利用水稻品种‘珍汕 97’与 IRAT109 构建作图群体，定位了一批抗旱相关 *QTL*。另一方面，利用 IRAT109 与水稻品种杂交，育成了节水抗旱新品种‘沪旱 3 号’，通过国家审定。利用‘沪旱 3 号’改良粳稻不育系‘寒丰A’，仅通过一次杂交、二次回交，育成了节水抗旱不育系‘沪旱2A’，利用‘沪旱2A’配制的杂交组合‘旱优8号’，大面积种植表现明显的节水抗旱特性。利用1 341个SSR和Indel标记用对‘沪旱2B’与‘寒丰B’的分子标记多态性检测表明，两者多态性为5.36%，多态性标记分布于水稻的11条染色体。进一步研究发现，*QTL*定位所发现的21个抗旱相关基因已整合到‘沪旱2B’中，也就是说，通过一次杂交结合高强度的干旱筛选，至少21个抗旱相关基因整合在一起，这些基因涉及转录因子、信号传导、蛋白激酶以及一些未知功能的基因（结果未显示）。意味着可能就是这21个基因的共同作用，使‘沪旱2B’在拥有了在大田稳定表达的节水抗旱特性。显然，深入研究这21个基因的功能，将有助于从有效应用的角度了解节水抗旱的遗传与分子机制。

（五）现有节水抗旱稻的改良与提升——培育绿色超级稻

“绿色超级稻”是指同时兼顾“抗病虫、营养高效利用、节水抗旱和高产优质”等特性的水稻新类型。“绿色超级稻”这一设想是我国科学家经过多年的讨论与实践所形成的共识，2007年发表在PNAS后，在世界上引起重大的反响。推广种植“绿色超级稻”，可促进我国水稻生产中实际单产的突破，实现在水稻生产中“少打农药、少施化肥、节水抗旱、优质高产”的战略目标，节省农药50%，化肥30%，节水30%以上。很显然，节水抗旱是绿色稻级稻选育中最为重要的特性之一。目前育成并应用于生产的节水抗旱稻包括2类：一是常规品种，如‘中旱3号’‘沪旱3号’‘沪旱15’‘旱稻297’‘中旱209’‘绿旱1号’等。二是杂交品种，如‘旱优2号’和‘旱优 3 号'。这些品种在生产上均表现较好的节水抗旱特性，特别适合于中低产田种植，但在高产稻田，其产量潜力尚需进一步提升，抗病虫性需进一步加强，稻米品质需进一步改善，对化肥的利用率需进一步的提高。

对于节水抗旱稻的进一步改良和提升，实质上是以绿色超级稻的培育目标为宗旨。由于水稻的节水抗旱性极为复杂，涉及多个基因、多种机制、多个遗传与代谢网络，对其进一步改良宜充分利用已有的育种成果，在现有节水抗旱稻的基础上，进行产量、米质、抗病虫与营养高效特性的改良。一是加强节水抗旱核心种质研究与利用，将节水、避旱、耐旱、水分高效利用等特性进行聚合，创制新种质。二是以现有节水抗旱品种或节水抗旱杂交稻亲本为背景材料，通过标记辅助选择，导入抗病虫与氮磷高效利用基因，培育节水抗旱、抗病虫、营养高效利用的高产优质新品种。

孙志高

孙志高，1979 年生人，博士，研究员，福建师范大学地理科学学院研究员、博士生导师，福建省“闽江学者”特聘教授。现为《应用生态学报》第七届（2016—2020 年）及《生态学杂志》第八、九届（2010—2020 年）编委，中国生态学会会员、国家及北京市、浙江省、山东省自然基金委通讯评议专家和 *Atmospheric Environment*、*Ecological Indicator*、*Science of the Total Environment*、《生态学报》《湿地科学》《环境科学》《应用生态学报》等 20 余个期刊湿地研究领域的审稿人。近年来，主持国家、省部级课题 10 多项，以第一通讯作者发表湿地研究论文 70 余篇，其中 SCI/EI 收录 33 篇，出版湿地专著 1 部。目前主持国家自然基金面上项目、福建省“闽江学者奖励计划” 项目和福建省科技计划重点项目等湿地研究课题。

黄河口湿地关键过程

孙志高

一、黄河口岸线变迁与新生湿地演变

潮滩主要分布于海陆交界的淡咸水交汇地带，是一个高度动态和复杂的生态系统，其在区域生态安全、人类生存环境及区域经济发展方面都具有重要作用。潮滩的形成与发育主要受潮流和泥沙的影响，海潮潮位的变化和水文泥沙运移的不同决定了潮滩地貌及景观格局分布。海岸线作为潮流和泥沙差异最直观的体现，其变迁在一定程度上决定了潮滩土壤的水盐状况，而水盐状况是影响潮滩盐沼植被发育和演替的决定性因子，因而岸线变迁对潮滩盐沼植被景观格局的形成具有重要影响。

（一）岸线变迁与潮滩盐沼面积变化

2001—2010 年，黄河三角洲岸线总长度增长，增长量为 22.13km，增长率平均为 2.21km/ 年。其中，2001—2005 年增长了 13.60km，年均增长率为 2.72km/ 年；2005—2010 年增长了 8.53km，年均增长率为 1.71km/ 年。就不同区域而言，河口段岸线整体呈增长趋势，但仅其北汊沙嘴区域呈向海淤积趋势，而偏南的大沙嘴则呈持续侵蚀状态。刁口段岸线整体呈减少趋势，而东营港及附近岸段和南部莱州湾岸段的岸线相对稳定，其增长或缩小均不明显。就潮滩面积而言，2001 年、2005 年和 2010

年潮滩盐沼面积分别为652.03km²，672.17km²和673.75km²，研究时期内年均增长2.17km²，年增长率为0.33%。其中，2001—2005年潮滩盐沼面积增加20.14km²，年均增长率为0.62%，高于2005—2010年潮滩面积的年均增长率。

（二）潮滩盐沼景观类型分布

不同区域潮滩盐沼主要景观类型分布均表现为随距海远近呈明显带状分布，由近及远依次为光滩、碱蓬盐沼、碱蓬—柽柳—芦苇盐沼和芦苇盐沼。2001—2010年，光滩、碱蓬盐沼和芦苇盐沼呈持续减少趋势，面积分别由2001年的154.93km²、143.02km²和197.95km²减少为2010年的147.31km²、124.63km²和98.75km²，年均减少率为0.49%、1.29%和5.01%，碱蓬—柽柳—芦苇盐沼则呈波动变化，面积由2001年的142.08km²增加为2005年的186.03km²，到2010年略微减少为177.58km²。就其他景观类型而言，研究时期内的盐田养殖池、河库沟渠、盐碱地以及居民工矿用地的面积均呈不同程度的增长，且以盐田养殖池的增长速率最快。河库沟渠和居民工矿用地的面积及比例亦呈明显的增长趋势。

（三） 潮滩盐沼景观动态变化

整体来说，光滩、碱蓬盐沼和芦苇盐沼面积在2001—2005年呈减少趋势。比较而言，河口段光滩面积的减少最为剧烈，由51.31km²减少为39.07km²，减少率为23.85%。而东营港及附近岸段的光滩面积存在一定程度的增长，5年间增长了10.94km²。与此同时，河口段的芦苇盐沼景观面积减少了15.23km²，东营港及附近岸段减少了43.15km²，这两个区域贡献了潮滩芦苇盐沼面积变化的97.76%。碱蓬盐沼变化同样发生河口段和东营港及附近岸段，其中河口段碱蓬盐沼减少 16.65km^2，而东营港及附近岸段碱蓬盐沼增加 6.10km^2。相比之下，刁口段和南部莱州湾岸段的光滩、碱蓬盐沼和芦苇盐沼面积的变化均不明显。黄河调水调沙工程生物长期实施一定程度上影响了河口段的淤积速率和植被景观类型的演替速率。

二、黄河口湿地系统关键生态过程

（一）沉积对湿地系统植被生态过程的影响

沉积被认为是影响潮滩盐沼生态过程的关键因素之一，其作用程度往往取决于盛行风速引起的潮汐物理扰动的强弱。2002 年以来，为了恢复黄河三角洲退化湿地，国家先后实施了 17 次调水调沙工程。在调水调沙期间，大量泥沙入海的同时也有相当数量沉积于河口盐沼。据估计，受调水调沙工程和潮汐扰动沉积的共同影响，黄河口碱蓬盐沼的全年沉积可增加约 90 ～ 100 mm/ 年。

1. 沉积对植物残体失重率的影响

在 571d 分解期间，在不同沉积强度下，中潮滩和低潮滩碱蓬残体失重率的变化模式较一致，总体上在波动增加。0 ～ 571d 期间，对于中潮滩碱蓬残体，未来沉积增加处理下的失重率最大，其次为当前沉积增加处理下的失重率，无沉积处理的失重率最小，3 种处理下的失重率差异显著（$P < 0.01$）；对于低潮滩碱蓬残体，3 种处理下的失重率非常相近，三者无显著差异（$P > 0.05$）。这说明沉积强度对于中潮滩碱蓬残体物质损失的影响程度要大于低潮滩碱蓬残体。潮滩盐沼当前或未来沉积增强后，中潮滩碱蓬残体的失重率分别将增加 17.32% 和 37.37%，而低潮滩碱蓬残体失重率的变化并不明显。

2. 沉积对植物残体分解速率的影响

沉积强度对于二者残体的分解速率具有重要影响，强沉积强度下残体的分解速率较高，反之则较低。两种残体在原有环境中的年分解速率分别为0.378/年和1.188/年，95%分解所需时间分别为7.93a和2.52a。与无沉积相比，当前或未来沉积增加后，中潮滩和低潮滩碱蓬残体的年分解速率分别将增加138.10%和235.56%、8.89%和10.20%，而95%分解所需时间分别将减少58.01%和70.24%、7.94%和9.13%。

3. 沉积对植物残体氮含量的影响

不同沉积强度下，中潮滩或低潮滩碱蓬残体在分解过程中的氮含量变化较为一致，但中潮滩或低潮滩碱蓬残体间的变化模式差异较大。在中潮滩分解小区，在无沉积、当前和未来沉积增加处理下，中潮滩碱蓬残体的氮含量分别为(11 584.06±260.60) mg/kg、(13 384.49±493.93)mg/kg 和 (14 941.70±889.19)mg/kg，为初期的3.26倍、3.77倍和4.21倍。在低潮滩分解小区，在无沉积、当前和未来沉积增加处理下，低潮滩碱蓬残体的氮含量分别为(14 525.94 ±1 747.65)mg/kg、(14 533.06±161.48) mg/kg和(14 083.44±401.61)mg/kg，为初期的3.19倍、3.19倍和3.09倍。比较而言，未来沉积增加处理下中潮滩碱蓬残体的氮含量最大，其次为当前沉积增加处理下的氮含量，无沉积处理下的氮含量最小；当前和未来沉积增加处理下低潮滩碱蓬残体的氮含量相近，都大于无沉积处理下的氮含量，说明沉积强度对于二者残体氮含量的变化模式具有重要影响，但这种影响并未导致不同沉积处理间存在显著差异($P > 0.5$)。

（二）生态恢复工程对河口湿地N元素关键循环关键过程的影响

2002年以来每年通过引黄补水实施的黄河口生态恢复工程不但为退化湿地补充了充足淡水，而且也为其补充了大量氮营养。为了深入理解生态恢复工程对湿地氮循环关键生物地球化学过程的影响，论文选择黄河口生态恢复工程实施前后的退化湿地与不同恢复阶段湿地区的芦苇湿地为研究对象，基于野外原位实验和室内培养实验，主要应用C_2H_2抑制技术和静态箱—气相色谱技术，通过连续3年的研究，探讨了生态恢复工程对湿地土壤（水）系统氮时空分布特征的影响，阐明了不同水文情势下湿地植物氮累积、分配及分解归还的影响，揭示了湿地恢复前后生态系统 N_2O 的排放规律与关键生成机制，评估了生态恢复工程对湿地植—土壤（水）系统氮循环平衡状况的影响，主要结论如下。

（1）不同恢复阶段湿地土壤和水体氮含量均具有明显的季节变化和年际动态，其在不同年份的垂直分布存在较高的变异性，原因主要与生态恢复工程补水方式和补水水质的差异有关。

（2）不同恢复阶段芦苇株高、密度、立枯物量及生物量差异明显。2012—2014年，不同恢复阶段芦苇地上生物量均表现为2002年恢复区（R_{2002}）＞2007年恢复区（R_{2007}）＞未恢复区（R_0）。湿地水文情势（积水深度和水质）和养分输入是导致芦苇种群生态特征和生物量差异的重要因素。R_0、R_{2002}和 R_{2007}芦苇植被的N/P分别为 8.99±1.92、7.04±1.65和9.02±2.45，均小于14，说明三者的芦苇生长均受N限制，且R_{2002}受N限制的程度最高。

（3）不同恢复阶段芦苇残体失重率表现为 R_{2002}＞R_{2007}＞

R_0。R_{2007} 不同分解深度下残体的分解速率整体表现为 0cm ＞ 60cm ＞ 30cm ＞ 90cm，而 R_{2002} 残体的分解速率整体表现为 30cm ＞ 0cm ＞ 60cm ＞ 90cm。不同水文情势下 R_{2007} 芦苇残体的失重率和分解速率均要高于 R_{2002}，补水方式和养分输入是影响二者残体相对分解速率差异的重要因素。不同恢复湿地区植物（芦苇和碱蓬）残体氮含量、C/N 比和 C/P 比在分解过程中的变化差异较大。不同水文情势下相同分解小区的残体在分解过程中的氮含量、C/N 比和 C/P 比的变化整体较为一致，但不同分解小区间的变化模式差异较大。分解环境养分供给状况和水文情势对影响残体氮绝对量变化的重要因素，而 C/N 比对分解过程中氮养分的调控作用更为重要。

（4）生长季不同恢复阶段湿地水体的 N_2O 溶存浓度整体表现为 R_{2002}（329.39±212.80nmol / L） ＞ R_{2007}（202.68±53.29nmol/L）。R_{2002} 水体的 N_2O 饱和度介于 73.86% ～ 396.47%，均值为 159.71%，呈饱和状态；R_{2007} 水体的 N_2O 饱和度较低，其值介于 44.97% ～ 118.00%，均值为 93.18%。水体溶存 N_2O 浓度与 TC、TN 和 TOC 浓度呈显著正相关（$P < 0.05$），与 Eh 呈显著负相关（$P < 0.05$）。生长季 R_{2002} 和 R_{2007} 湿地水—气界面的 N_2O 交换通量分别为 0.72±8.10μmol/（m^2•d）和 -3.32±1.83μmol/（m^2•d)，水温和风速是影响水—气界面 N_2O 交换通量的重要因素。生长季不同恢复阶段湿地的 N_2O 平均通量整体表现为 R_{2007}［0.0054mg /（m^2•h）］＞ R_0［0.0029mg/（m^2•h）］＞ R_{2002}［-0.0006 mg/（m^2•h）］，说明 R_{2007} 和 R_0 整体表现为 N_2O 的释放源，R_{2002} 则表现为 N_2O 的汇。生态恢复工程可通过改变湿地土壤理化性质、植被生态特征和水体溶存 N_2O 浓度来影响 N_2O 排放。不同恢复阶

段湿地 N_2O 通量的日变化特征明显，其在夏秋季的 N_2O 日通量均值均表现为 R_{2007}［0.0144mg/（m^2•h）和 0.0057mg/（m^2•h）］> R_0［0.0057mg/（m^2•h）和 0.0034mg/（m^2•h）］> R_{2002}［0.0032mg/（m^2•h）和 -0.0022mg/（m^2•h）］，光照和水体溶存 N_2O 浓度是影响 N_2O 通量日变化特征的重要因素。

（5）不同恢复阶段湿地土壤的 N_2O 总产生量差异明显，恢复区湿地土壤的 N_2O 产生量整体大于未恢复区。不同恢复阶段湿地土壤的 N_2O 产生主要以硝化作用和硝化细菌反硝化作用为主，反硝化作用则对 N_2O 的产生存在较大削弱作用，这与不同恢复阶段湿地土壤理化性质的差异密切相关。非生物作用对 N_2O 产生量的贡献较大，这与黄河口湿地为高活性铁区，Fe 的还原作用关系密切。温度和水分对不同恢复阶段湿地土壤 N_2O 产生过程的影响不尽一致，这与土壤微生物活性对温度和水分的响应差异有关。氮输入水平和类型对不同恢复阶段湿地土壤 N_2O 产生具有重要影响，NO_3^--N 输入对湿地土壤 N_2O 总产生量的影响远远大于 NH_4^+-N 输入。不同 NH_4^+-N 输入水平下，N_2O 的产生主要以硝化作用、硝化细菌反硝化作用和非生物作用为主，反硝化作用则对 N_2O 产生存在较大削弱作用。不同 NO_3^--N 输入条件下，R_{2002} 的 N_2O 产生主要以反硝化作用和硝化细菌反硝化作用为主，而对 R_0 和 R_{2007} N_2O 产生诸过程的影响不明显。NH_4^+-N 输入整体提高了 R_{2007} 和 R_{2002} 湿地土壤非生物作用的 N_2O 产生量，而 NO_3^--N 输入整体抑制了 R_0、R_{2007} 和 R_{2002} 湿地土壤非生物作用的 N_2O 产生。

（6）构建了湿地植物—土壤（水）—大气系统的氮循环分室模式，定量确定了不同分室的氮储量以及分室间的氮流通量。基于构建的氮循环模式定量关系，评估了不同恢复阶段湿地系统的氮循环平衡状况。从氮循环维持生态系统稳定角度来说，R_{2007} 采取的全年一次性补水方式不利于维持湿地生态系统的稳定。考虑到湿地植被生态特征、土壤（水）库氮供给能力、植被氮累积特征与残体氮归还能力、温室气体（N_2O）削弱功能以及湿地土壤（水）—植物系统氮的吸收、利用与循环效率等因素，建议下一步生态恢复工程应重点采取 R_{2002} 恢复的补水方式。另外，对湿地进行补水时应尽量采取少量多次连续补水方式且应避开水质较差时。上述氮循环模式中的定量关系以及不同恢复阶段湿地氮循环状况的评估结果，对于下一步加强退化湿地恢复以及不同恢复阶段湿地的保育与管理将有着非常重要的理论与实践意义。

（三）河口湿地温室气体气体排放规律与机制

黄河口潮滩湿地作为黄河入海河段与渤海相互作用形成的重要生态类型，是陆源碳、氮的重要“汇”区，其 CO_2 和 CH_4 排放不仅会对大气环境产生重要影响，而且还深刻影响着湿地生态系统的稳定与健康。为了深入理解潮滩湿地系统 CO_2 和 CH_4 的通量特征及影响机制，论文以今黄河入海口北部的滨岸潮滩湿地为研究对象，基于野外原位观测与室内控制实验，探讨了潮滩湿地 CO_2 和 CH_4 的通量特征及年内变化规律，揭示了潮滩湿地 CO_2 和 CH_4 排放的影响机制，评估了潮滩湿地 CO_2 和 CH_4 的“源／汇”功能及其对大气环境的影响。

（1）潮滩湿地 CO_2 和 CH_4 排放通量具有明显的时空变化特征。就 CO_2 而言：时间上，夏季 CO_2 通量最大［141.74mg／（m^2•h）］，春季［81.80mg／（m^2•h）］和秋季［80.01mg／m^2•h）］次之，冬季［31.80mg／（m^2•h）］最小；空间上，高潮滩 CO_2 的排放通量最大［229.99mg／（m^2•h）］，低潮滩［42.41 mg／（m^2•h）］

和中潮滩［36.77mg／（m^2•h）］次之，光滩［26.18mg／（m^2•h）］最小。就 CH_4 而言：时间上，秋季的 CH_4 排放通量［0.09 mg／（m^2•h）］最大，春季［0.01mg／（m^2•h）］次之，夏季［-0.11 mg／（m^2•h）］和冬季［-0.01mg／（m^2•h）］较小；空间上，光滩的 CH_4 通量［0.03mg／（m^2•h）］最大，低潮滩［0.01mg／（m^2•h）］次之，高潮滩［-0.02mg／（m^2•h）］和中潮滩［-0.03mg／（m^2•h）］最小。

（2）潮滩湿地 CO_2 和 CH_4 通量的日变化特征明显。低潮滩和光滩的 CO_2 日通量范围与均值分别为66.61～130.11mg／（m^2•h）［98.18mg／（m^2•h）］和-16.10～47.28 mg／（m^2•h）［16.13 mg／（m^2•h）］，均表现为 CO_2 的排放源；低潮滩和光滩的 CH_4 日通量范围与均值分别为-0.21～0.04 mg/（m^2•h）［-0.02mg/（m^2•h）］和-0.04～0.22mg／（m^2•h）［0.08mg／（m^2•h）］，前者表现为 CH_4 的弱汇，后者表现为 CH_4 的较弱排放源。

（3）黄河口潮滩湿地的 CO_2 排放通量范围及均值与国内外湿地相关研究结果相差不大，而 CH_4 通量同大多数研究相比偏低；潮滩湿地全年 CO_2 和 CH_4 排放量均值为366 335.11mg／m^2 和9.07mg／m^2，年排放总量分别为674 385.20t 和16.70t，为 CO_2 和 CH_4 的重要释放源。在100a 时间尺度上，黄河口潮滩湿地系统全年 CO_2 和 CH_4 的综合 GWP 为366561.90mg•m^2，且夏季 GWP 最高，秋季和春季次之，冬季最低；在全年 CO_2 和 CH_4 的综合 GWP 中，CO_2 的贡献达到99.94%，而 CH_4 仅为0.06%。

（4）潮滩湿地不同样点环境因子的时空变化特征明显。温度与潮滩湿地 CO_2 年内通量特征变化较为一致，温度与 CH_4 通量变化特征缺乏一致性；水分对潮滩湿地 CH_4 通量的影响程度较

CO_2 通量大，潮汐对 CO_2 和 CH_4 排放通量特征亦具有重要影响；盐分可能并不是影响潮滩湿地 CO_2 和 CH_4 排放通量的重要因素；各点 CO_2 和 CH_4 通量与各环境基质因素之间大部分并未表现出显著相关关系；植被可能是潮滩湿地 CO_2 排放的主要因素，未割除植被样点 CO_2 排放通量显著高于割除植被样点，但植被对潮滩湿地 CH_4 通量的影响并不显著。

（5）有机碳矿化受到温度、水分及碳、氮等多因素的重要影响。各潮滩表层土壤的有机碳矿化速率均表现为 35℃＞25℃＞15℃，有机碳矿化对温度的响应在 15 ～ 25℃范围内较 25 ～ 35℃更为敏感，本文 Q10 结果较其它研究结果稍微偏高。水分差异对有机碳矿化的影响并不显著，可能与黄河口潮滩湿地土壤经常处于饱和或过饱和状态，土壤微生物对 70%WHC 的水分状况和淹水状况均能很容易适应有关。除高潮滩有机碳矿化速率在高氮处理下表现为抑制外，其他潮滩两种氮输入处理对有机碳矿化速率均表现出一定促进作用。低氮输入对有机碳矿化速率具有较强的促进作用；中潮滩翅碱蓬枯体和低潮滩翅碱蓬枯体输入对有机碳矿化产生显著影响，且后者对有机碳矿化的促进作用要高于前者。

（6）潮滩湿地土壤 CH_4 产生潜力和氧化潜力受到温度、碳和氮等因素的重要影响。就 CH_4 产生而言：温度升高在一定程度上促进了 CH_4 的产生，温度系数 Q10 随着温度的增加而提高，CH_4 产生率对温度的响应在 20 ～ 30℃较 15 ～ 25℃敏感；氮输入对高潮滩和中潮滩土壤的 CH_4 产生表现为促进或抑制作用，低潮滩和光滩对各种氮输入形态的响应均表现为促进；有效碳和耐性碳整体促进了 CH_4 的产生潜力，翅碱蓬枯体对各潮滩土壤 CH_4 产生的促进程度表现为中潮滩＞低潮滩＞光滩＞高潮滩，两种翅碱蓬枯体的效应表现为低潮滩翅碱蓬＞中潮滩翅碱蓬。就 CH_4 氧化而言：整个潮滩湿地 CH_4 氧化率在 25℃下最大，30℃和 20℃次之，15℃最小，潮滩湿地土壤 CH_4 氧化的最适温度在 25℃左右。CH_4 氧化率对温度的响应在 15 ～ 25℃较 20 ～ 30℃敏感，CH_4 氧化的 Q10 较 CH_4 产生小，可能与 CH_4 氧化菌对温度的依赖性低于产 CH_4 菌有关；NH_4Cl 浓度越大，对 CH_4 氧化的抑制作用越强；葡萄糖、甲酸钠和乙酸钠等 3 种碳源物质的输入对 CH_4 氧化均起到了一定的抑制作用，且抑制程度表现为葡萄糖＞乙酸钠＞甲酸钠。

吴文斌

吴文斌，男，1977年生，日本东京大学博士，研究员，中国农业科学院智慧农业创新团队首席科学家、农业农村部农业遥感重点实验室副主任，中国农业科学院“青年英才”入选者。兼任中国自然资源学会青年工作委员会副主任、中国土地学会对外联络委员会副主任、《中国农业信息》副主编、*Journal of Integrative Agriculture* 以及《自然资源学报》编委。

长期从事农业土地系统的智能感知、时空变化探测与机理解析、综合效应模拟评估等研究。先后主持国家自然科学基金、国家“973”计划和国家“863”计划等国家级科研项目，获国家科学技术进步奖二等奖2项、中国测绘科技进步奖特等奖1项、中国农业资源区划学会科学技术奖一等奖1项，获中国自然资源学会青年科技奖，1项科研成果入选“中国十大科技进展新闻”；以第一/通讯作者在*Remote Sensing of Environment*、*Global Change Biology*等国际SCI期刊发表论文30余篇，出版专著3部，获得发明专利5项，应邀担任了全球土地计划第3届开放科学会议执行主席。

智慧农业科技创新

吴文斌

一、智慧农业基本概念

信息技术代表着当今先进生产力的发展方向，其强大的带动性、渗透性和扩散性已全面渗透到各个领域。农业信息化成为引领我国现代农业发展、创新农业管理服务和破解农业发展难题的必然选择。我国农业信息化先后经历了电脑农业、数字农业、精准农业等阶段。21世纪以来，人类全面迈进了以互联网为中心的信息技术时代。随着物联网、大数据、云计算和移动互联网等新一代信息技术迅速发展，农业信息化正从传统的数字化、网络化向智能化、智慧化的高端方向发展。我国农业发展进入“农业4.0”阶段，即新的智慧农业发展阶段。

“智慧农业”已成为热点关键字之一。2016年中央一号文件：“推进‘互联网+现代农业’，推动农业物联网、云计算、大数据及智能农业装备等智慧农业核心技术的研究与示范，发展智慧气象和农业遥感……”；2017年中央一号文件：“加强中低产田改良、经济作物、草食畜牧业、海洋牧场、智慧农业、农林产品精深加工、仓储物流等科技研发，实施智慧农业工程，推进农业物联网试验示范和农业装备智能化……”；2018年中央一号文件：“大力发展数字农业、实施智慧农业林业水利工程，推进物联网试验示范和遥感技术应用。”；2016 年 3 月《国家十三五规划纲要》：“要提高农业技术装备和信息化水平，加快推进农业机械化，……推动信息技术与农业生产管理、经营管理、市场流通、资源环境等融合，发展智慧农业。”；2017 年 7 月《新一代人工智能发展规划》：“发展智能农业，建立完善天空地一体化的智能农业信息遥感监测网络……”；2017 年 9 月《关于创新体制机制推进农业绿色发展的意见》：“充分利用农业信息技术，构建天空地数字农业管理系统……”；2017 年 12 月中共中央政治局第二次集体学习时：习近平总书记强调“实施国家大数据战略，加快建设数字中国”。

智慧农业以信息知识为核心，将新兴的遥感网、传感网、大数据、互联网、云计算、人工智能等现代信息技术与智能装备、智能机器人深入应用到农业生产、加工、经营、管理和服务等全产业链环节，实现精准化种植、互联网化销售、智能化决策和社会化服务，形成以数字化、自动化、精准化和智能化为基本特征的现代农业发展形态。可见，智慧农业涉及多部门、多领域、多学科的交叉和集成，具有独特的系统性和复杂性。

智慧农业是农业信息化发展的高级阶段，是全新的农业发展理念，其与电脑农业、数字农业、精准农业等农业信息化发展模式既相关又不同。电脑农业、数字农业及精准农业是将关键信息技术应用到农业生产过程中，实现提高农业生产效率和效益的目标。智慧农业则是实现全要素、全链条、全产业、全区域的智能化，不仅是农业生产过程，也包括农业经营、农业管理、农业服务等环节，这是与其他 3 种农业信息化发展模式的最大不同点。因此，智慧农业的内涵和外延更加宽泛，其所涉及的理论、技术、系统和装备更加综合和复杂。

智慧农业的核心目标是实现农业全过程的智能化，其实质是数据驱动。围绕“数据”的核心主线，智慧农业的核心研究领域包括感知、传输、分析、控制、应用5个方面。感知是基础，是利用各类传感器采集和获取各类农业信息和数据的过程。传输是关键，是将经感知采集到的信息和数据通过一定方式传输到上位机待进行存储的过程。分析是核心，利用感知传输的数据进行挖掘分析，支撑农业预警、控制和决策的过程。控制是保障，将针对决策系统的控制命令传输到数据感知层、进行远程自动控制装备和设施的过程。应用是目的，实现农业生产过程、生产环境、农作物病虫害等的智能管理。每一核心问题都有各自的关键理论和技术方法体系，将这些理论、技术方法高度集成可以形成系列的智慧农业系统。

二、智慧农业科技创新与成果应用

农业现代化的进步源自科技创新，智慧农业的本质在于数据驱动，智能化装备与信息知识是智慧农业的核心，相关技术的创新促成了智慧农业的形成与发展。智慧农业的目的是提升农业生产的效益与质量，成果的应用是实现智慧农业价值的途径。

智慧农业涉及多部门、多领域、多学科的交叉和集成，核心研究领域包括感知、传输、分析、控制、应用。

（一）智慧农业科技创新

智慧农业研究从2012年开始快速发展，热度逐年增加，目前国内智慧农业研究的热点区域集中在江浙、京津、东三省以及湖北等地。2000—2017年智慧农业研究文献以技术性研究为主，在应用上方兴未艾。

农业感知包含传感器技术、遥感技术、GPS、RFID技术。传感器技术是智慧农业的关键技术之一，大田种植、设施园艺以及水产养殖中的环境参数都是通过物理传感器来进行实时采集。遥感技术凭其快速、简便、宏观、无损及客观等优点，广泛应用于农业生产各个环节，是各类农业生产过程生长与环境信息的重要来源。GPS在智慧农业中应用主要体现在3个方面：空间定位、土地更新调查、监测作物产量，定点定位是GPS在智慧农业中最重要的作用。RFID技术广泛应用于智慧农业食品安全质量溯源模块和农产品物流系统。运用RFID技术构建农产品安全质量溯源系统，可以查询农产品所有环节的详细信息，实现全过程的数据共享、安全溯源及透明化管理，既可以提高农产品的附加值，也可从根本上解决并防止安全事故的发生。

数据传输包括有线通信传输技术、无线通信传输技术、有线传输与无线传输结合。有线通信传输方式通过光波、电信号这些传输介质来实现信息数据传递，具有信号传送稳定、快速、安全、抗干扰、不受外界影响、传输信息量大等优点。智慧农业中有线通信传输方式通常使用RS485/RS432总线、CAN总线网线或电话线等有线通信线路现场布线来进行数据的传输。无线通信传输包括两种方式：无线局域网通信和无线移动通信，两者的区别主要体现在传输媒介不同。目前应用较为广泛的无线通信传输方式包括蓝牙、红外通信技术、Wi-Fi、紫峰、超宽带以及移动网络等。无线传输方式与有线传输方式都有各自的优劣点，单独利用某种通信方式很难实现全过程的数据传输任务，将无线传输方式与有线传输方式集成是现阶段智慧农业中较为通用的通信方式，广泛应用在在温室大棚、设施园艺、农业灌溉、水产养殖等多个领域。

数据分析利用地理信息系统、模拟模型、大数据技术以及云计算技术来实现。地理信息系统（GIS）凭借其强大的数据管理和数据分析功能可以实现农业信息的存储、分析和智能处理。GIS 技术可对大田物联网系统的空间数据和感知数据进行存储管理，利用 GIS 空间分析方法和大田相关农学模型集成分析物联网监测数据。计算机模拟模型将采集获得的农业信息进行模拟分析，构造出环境参数与目标参数之间的定量关系，支撑农业预测、农业预警、农业决策。大数据核心技术是数据挖掘，利用各种分析工具对海量数据作比较、聚类和分类归纳分析，建立模型和数据间的关系，对已有数据集剖析，对未知数据进行预测。智慧农业中，常用大数据技术进行农作物的产量预测、作物生长过程和环境优化控制等方面。云计算具有动态可扩展性、高可靠性、低成本和绿色节能等优点，可以实现按需使用，降低了用户终端的要求，提高了使用效率。

自动控制通过自动化控制系统，自动发出指令，控制水泵、阀门、电动卷帘、通风窗等继电器设备，将温、光、水、肥、气等因素调控到适于作物生长发育的最佳环境条件。目前我国智慧农业自动控制系统设计技术方案主要包括基于单片机、PLC 控制系统、基于嵌入式系统的控制系统、基于云平台技术的控制系统等。基于单片机的控制系统可集中控制环境信息，操作简单、价格低廉，应用较为广泛，但其可靠性无法得到保证；PLC 控制系统能够进行传统的继电器逻辑控制、计数及计时操作，并且性能可靠，对外部环境抗干扰能力强，编程简单，是目前智慧农业中较为常用的自动控制方案，但是成本相对较高；嵌入式系统具有安装方便、开发周期短、并发处理能力强、可系统升级等优点，近年来得到广泛应用。

智慧农业关键技术创新研究主要有 3 点：天空地一体化的农田智能感知技术、农田智能分析与诊断系统、农田智能决策与管理系统。

1. 天空地一体化的农田智能感知技术

该技术可从大区域、小区域、点位尺度 3 个层次进行。其中大区域指的是卫星对地观测和感知系统，包括高空间、高光谱、微波传感器、激光雷达等技术。小区域指的是车载无人机观测和感知系统，主要由车载采集模块、基于 GIS 的任务规划模块、无人机采集模块、实时数据处理模块、远程传输模块组成。点位尺度指的是地面物联网观测系统，主要由各类传感器组成，传感器采集信息包括作物 LAI 和光合有效辐射、土壤水分、农田气象因子、视频和图像。除了以上 3 个层次的感知技术外，互联网智能终端调查系统、微观农户信息采集也是智能感知技术的重要组成部分。

2. 农田智能分析与诊断系统

该系统从农田生产全过程对作物类型、物候、苗情、墒情、病虫情、灾情、作物养分等进行精准监测和分析。例如在作物养分监测与分析方面，利用基于无人机和地面遥感平台的空地一体化地面样方调查技术，综合作物的影像纹理、颜色、叶面积指数、缺肥指数等信息，生成养分决策处方图，指导生产管理。该系统开展作物—环境—技术相互作用研究，建立数字化模拟模型，根据用户设定环境和条件，对作物进行模拟与智能决策；构建作物和果树三维形态结构模型，为研究不提供作物生育期、不同树龄和不同品种的果树形态结构特征提供平台。

3. 农田智能决策和管理系统

该系统的价值在宏观、微观两方面均能体现。宏观层面可以做到农作物种植结构调整、产量提升潜力分析、播种面积增加潜力分析、气候智能型农业管理同时能够提高产量、增强农业弹性、减少温室气体排放。微观层面可以做到农机智能管理和精准控制、无人机植保管理和精准控制、辅助作物育种的生理生态性状参数获取、决策支持和信息服务。

（二）智慧农业成果应用

1. 智慧农场

智慧农场是现阶段发展智慧农业的基本形态，主要包括大田种植和设施农业两方面。

大田种植方面，赵胜利将多种技术集成建立了大田作物生长感知与智慧管理物联网平台，可实现数据采集、管理、分析及应用，在5省17个试验区进行了推广应用。随着无人机技术的发展，为获取丰富、精确、小尺度的农田信息提供了可能，天空地一体化的遥感数据获取体系将为发展智慧农业尤其是实现智慧大田提供技术保障。中国农业科学院农业资源与农业区划研究所研制开发了天空地一体化农田地块大数据平台，利用卫星遥感技术、无人机与车载地面样方调查装备及农业物联网等相关系统，智能获取每个地块的周边环境因素、土地利用类型、农作物长势、农户生产决策信息等农业生产大数据，将从科学上解答农民每年“种什么”“怎么种”等问题，该平台在三江源地区进行了示范和推广。

设施农业是智慧农业发展应用中最为广泛的领域之一，包括温室大棚、植物工厂等，不同地区都已开始大力发展。现阶段已研发构建了大量的智能设施农业环境监测系统、生产管理控制系统及视频监控系统等。基于这些智慧农业决策系统支持，现阶段可以实现设施农业生产环境信息的无线采集监测，并进行环境优化控制；对生产过程进行精细化管理控制，包括作物生长感知、精准施肥、病虫害监测及节水喷灌等，并在一定程度上可以实现农产物安全监测和流通的信息化。

2. 智慧果园

实现果园的智慧化种植、管理也是智慧农业的重要应用。章璐杰基于物联网技术构建了智慧葡萄园管理系统，系统中实现了数据库存储优化、基于 n-of-N 模型和生命周期存储策略的数据流处理模型及最远优先 K-means 数据挖掘算法，可以完成葡萄园环境信息的采集、存储、处理与挖掘，实现葡萄整个生长周期的自动监测和控制，具有比较好的普适性和通用性。濮永仙以瓜果种植为研究对象，建立了物联网智能农业瓜果生产系统，可以实现瓜果生产要素的精细化和智能化控制，具有基于支持向量机对病虫害预警诊断以及产品安全溯源等功能。此外，包括采摘机器人、除草机器人、嫁接机器人、苗盘搬运机器人等不同功能的农业机器人在果园中也得到广泛应用，可以实现除草、果实采摘等的智能化。

3. 智慧养殖

目前畜禽水产养殖的研究大多集中在利用无线传感器实现养殖环境的实时监测、数据监测及设备调控等，利用无线传感网络对动物生理特征和健康信息进行监测。畜禽养殖方面，利用传感器网络可以实现猪舍等养殖环境的信息监测，通过系统的智能分析得到养殖环境的变化情况，并根据变化情况实时进行反馈调控，使养殖环境保持最优状态，实现精细化管理。此外利用无线传感器网络对牲畜的健康信息监测也是在畜禽养殖上的重要应用。中国农业大学李道亮团队对物联网技术在水产养殖的应用进行了较为系统的研究，在数据感知、数据传输与数据应用方面都取得了突出成果：实现了海水、淡水、半咸水等不同应用场景下的传感器精确测量；提出了复杂养殖环境下时空融合的无线传输方法，提高了无线传输网络在复杂水产养殖场景下的稳定性；提出了水产养殖实时数据在线处理模型与方法，构建了基于实时数据与知识库联合驱动的鱼类生长动态优化模型，为实现水产养殖精准智能调控提供了关键的技术。

4. 互联网化经营

农业经营主要是利用网络技术实现农业经营的信息化，通过现代信息技术为农户在互联网上提供销售、购买和支付等方面的一条龙智能服务，使农产品打破传统销售的时间限制、空间限制，解决农产品推广、积压、流通等问题。阿里在农村建立淘宝村，经营农产品网点超 40 万个；京东开展智慧农村，建立县级服务中心，已在全国建立 1 500 个县级服务中心，推动了农村电子商务的发展。“聚筹网”“尝鲜众筹”“大家种”等多种农业众筹模式可为消费者提供个性化服务，是农业经营创新的主要手段。此外，农村现代电商物流模式也开始创新发展，逐步解决农村物流问题。

5. 智能化管理与服务

农业智慧管理包括智慧预警、智慧控制、智慧指挥、智慧调度等内容。推进农业智慧化管理，重点是通过农业大数据的开发和应用，建立智慧农业综合化的信息服务平台来进行决策、指挥和调度。南京市以“11N”为核心进行市智慧农业中心建设，抓好农业大数据，建立农资监管信息系统、重点农业项目信息管理系统、农产品质量安全追溯管理系统等多个系统，为部门行业监管、应急指挥调度、领导科学决策等提供了有力支撑。北京市通过建设北京设施农业物联网云服务平台、智能决策服务和反馈控制系统，实现了病虫害远程诊断、监控预警、指挥决策，以及肥、水、药智能控制和设施农产品质量安全监管与追溯等。同时，互联网的发展使得农业服务模式发生转变，由以公益性服务为主的传统模式向市场化、主体多元化、服务专业化转变，实现更为全面的社会化服务。通过网络媒介，既可以使农民获取先进的技术信息，掌握最新的农产品价格走势等市场行情，自主决策农业生产，也可以使消费者了解最新的产品信息。象山县利用现代信息技术建立了智慧农业综合服务平台，为企业、农户、政府开展农业生产提供支撑，提供多种农业服务，实现了全县农业服务的智能化。

三、未来重点发展方向

在乡村振兴战略背景下，智慧农业是未来农业发展的根本方向。总体上看，虽然我国智慧农业研究取得了明显进展，但研究水平还处于起步阶段。未来的一段时间内，智慧农业研究将会以理论、技术、装备和系统研究为核心，加强农田智能感知、建立农业大数据、加强农业核心技术攻关、拓展成果应用服务领域。

（一）加强农田智能感知

1. 推进农业卫星研制

建立稳定的数据平台服务能力，保障高质量、稳定的农业遥感数据。数据平台服务指的是利用传感器、无线通信、大数据、云计算、物联网、人工智能等技术进行数据收集并分析，通过可视化展示，对农作物的生长情况进行实时跟踪、病虫害监测，对农作物的产量进行预测等。利用传感器收集土壤温湿度、水分、pH 值等信息。通过卫星遥感技术、实施监测天气变化，提前预测自然灾害。通过卫星、摄像头、传感器实施监测作物生长情况，根据历史数据进行产量预测等。根据作物类型收集病虫害数据，提前预防，精准喷洒农药等。根据卫星遥感影像数据，分析土地质量，进行适宜作物的耕种指导。依据天气、作物生长情况以及历史数据分析预测作物产量。以无人机、传感器为主要方式，实时监测作物长势，并进行灌溉、施肥建议。根据病虫害及作物类型，提前预防、精准施药，确保作物少受损失。

2. 提升天空地农业感知能力

形成空天地 3 个层次观测平台，高、中、低分辨率并举，光学和微波相结合的对地观测体系。

3. 提升卫星标准化产品与加工处理能力

实现多星多传感影像数据的协同处理，保障卫星遥感数据的及时、可靠供应。

（二）建设农业大数据

农业大数据建设是一个系统工程，是一项长期而艰巨的任务。对此，既要做好顶层设计，又要坚持问题导向，以应用成效为检验标准，找准切入点。当前，结合农业大数据发展应用的现状和需求，应当主要抓好以下几项重点任务。

一是加强大数据基础设施建设。要加强农业大数据的“云”“网”“端”基础设施建设，既包括国家农业大数据平台、重要信息系统等软件基础设施建设，也包括互联网、物联网等网络基础设施建设，还包括安装在田间地头的传感设备、移动终端等硬件基础设施建设。

二是加快构建农业数字资源体系。全面提升数据采集、传输、存储、处理、利用、安全保障等能力，加强农业大数据标准化体系建设，加快形成跨层级、跨地域、跨系统、跨部门、跨业务的农业数字资源体系。现在最基础、最关键的是要解决没有数据这个最大“短板”。

三是加大农业大数据科技创新和成果转化应用力度。推动有关部门、科研教学单位加强农业大数据学科建设、重点实验室建设和重大科技攻关，积极争取将农业大数据发展应用纳入数字农业工程项目和现代农业产业技术体系。要与有关科研教学单位、大数据企业合作，启动开展数据挖掘、深度学习、关联分析、管理与处理等农业大数据核心关键技术开发应用，推出系列农业大数据产品，创新完善农业大数据推广和服务方式。

四是强化政务信息资源整合落地。加快建立农业数据资源共享开放和开发利用的制度机制，深入推进业务融合、数据融合，打通“互联网 + 政务服务”的数字大动脉，真正实现用数据说话、用数据决策、用数据管理、用数据创新。同时，要深入推进网站整合，推动农业新媒体的建设和创新。

五是提升网络安全保障能力。按照网络安全与建设同步规划、同步实施、同步落实的要求，全面加强基础设施、信息系统、数据资源的网络安全保障体系建设。同时，要应用大数据技术，提升重大舆情监测能力。

（三）加强智慧农业核心技术攻关

目前，农业大数据不断增加，同时，随着国家对农业的重视度和投入的增加，对农业大数据计算能力也在逐步增强。但最重要的短板还是国内对于和农业相关的处理技术和算法模型研究较少，例如：农业定量遥感理论和方法、多平台多尺度数据的协同方法、海量数据自动化处理技术、息挖掘和智能化提取技术、遥感和模型的同化方法、农田智能诊断算法和模型等。

（四）拓展成果应用服务领域

1. 与农业行业主体业务深度融合

农业信息化、供给侧结构改革、扶贫脱贫、耕地质量提升、农用地确权、农业“走出去”等。

2. 宏观决策支持与微观生产指导结合

政府、企业、家 庭农场和农户。

3. 农业资源调查与工程实施监管结合

休耕轮作、农业 保险和植保、两区建设。

4. 常规监测与应急监测结合

重大灾害。

5. 国内监测与国外监测并重

“一带一路”、主要粮食贸易国。

兰玉彬

兰玉彬，博士，教育部“海外名师”，山东省“一事一议”顶尖人才，广东省“领军人才”，国家产业技术体系棉花田间管理机械岗位科学家，农业农村部航空植保和农机创新专家，国家精准农业航空施药技术国际联合研究中心主任和首席科学家，华南农业大学教授、博士生导师，同时兼任山东理工大学校长特别助理和农业工程与食品科学学院院长，国家重点专项“地面与航空植保高工效智能装备（经费 9 600 万元）主持人和首席科学家，美国农业部兼职高级研究员、德州农工大学兼职教授和博士生导师，国际农业与生物工程师学会精准农业航空工作委员会创始人和主席，国际精准农业学会美国国家代表，受聘中国科学技术协会“全国农业航空技术学科首席科学传播专家”，AOPA 专家委员会副主任委员，国家航空植保科技创新联盟和农业航空产业技术创新战略联盟常务副理事长。长期从事精准农业航空、航空施药技术和航空遥感技术的开发与应用研究。

精准农业航空技术在棉花田间管理中的应用

兰玉彬

一、精准农业航空技术

中国拥有地球上7%的耕地，但化肥农药的使用量却是全球总量的35%，农药利用率只有36%左右。航空植保技术作业效率高、适应性广、应付突发灾害能力强。航空施药因采用超低量喷雾，用药量大大低于地面机械或人工喷雾，可节省农药15%～35%。我国对精准农业航空施药技术有重大需求，2015年，农业部制定了《到2020年农药使用量零增长行动方案》。

通过“精准农业航空施药技术国际联合研究中心”建设，研究精准农业航空施药技术的关键装备和技术问题，加快推进其应用和推广。

研究方向符合《国家中长期科学和技术发展规划纲要（2006—2020年）》中确定的重点领域。符合2014年中央一号文件——“推进农业科技创新，加强农用航空建设”。

中华人民共和国国务院制定的国家中长期科学和技术发展规划纲要（2006—2020年）中第三、重点领域及其优先主题中4、农业（23）多功能农业装备与设施、（24）农业精准作业与信息化。

（一）精准农业航空技术（图 1）

USDA 有七大研究中心，南方平原研究中心是美国国家唯一从事大规模病虫害管理防治的研究中心，经费由美国国会直接拨款。

发表综述“美国精准农业航空发展现状与未来方向”(2010)、应美国农业航空协会 (*NAAA*) 邀请做精准农业航空主题报告 (2011)、国际农业工程师学会 (*CIGR*) 精准农业航空分会创始人和主席（2011 年至今）、发表综述“精准农业航空技术发展现状与未来趋势”(2017) 。

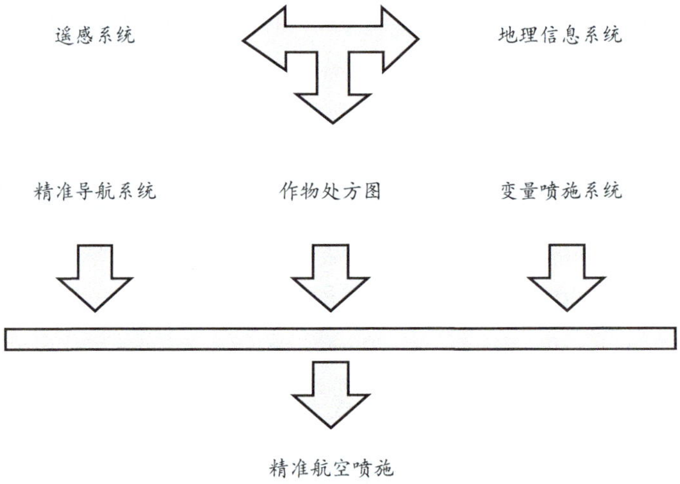

图 1　精准农业航空技术流程解析

1. 基于多源遥感信息融合的作物生长状况监测应用

（1）美国精准农业航空施药技术。

航空精准施药技术系统—固定翼有人机 、航空施药变量控制技术——变量施药控制器、航空静电喷嘴、变量喷嘴。

（2）航空施药效果评估。

农药挥发测定仪、雾滴粒径测量传感器及系统。

（3）航空施药防漂移技术研究。

药液添加剂、喷嘴模型、漂移模型、最佳气候、决策模型。

（二）精准农业航空技术现状

“农用无人机”位 列《MIT 技术评论：2014 年十大科技突破》第一位，农用无人机、脑图谱绘制、神经形态芯片等。据国际无人机协会（AUVSI）2013 年发布研究报告：全球无人机经济贡献超过 110 亿美元，今后 10 年将达 1 400 亿美元；2015—2025 年无人机在民用领域的应用将为美国经济贡献 821 亿美元，其中超过 80% 直接来自精准农业。

未来的三个五年计划中，如果农业航空年处理耕地面积的比例能达到 30%，我国农业航空市场的需求可能有爆发性增长，拉动新增机型投入将达到 750 亿元以上，拉动农业航空服务业产值每年可达 1 000 亿元（图 2）。

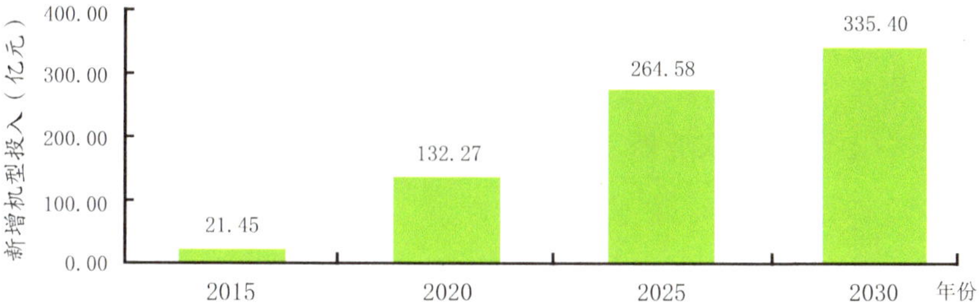

图 2　中国精准农业航空市场的预测

1. 美国无人植保机服务现状

2012 联邦航空局现代化法案规定，在 2015 年 9 月前，联邦航空局将稳步地把商用无人机纳入美国航空业。

2015 年 12 月，日本雅马哈公司的 Rmax 农用无人直升机获得 FAA 的认证，该认证允许 Rmax 农用无人机在美国开展农业喷洒服务。

2016 年 4 月，日本雅马哈公司与美国加州戴维斯分校合作，在加州纳帕谷葡萄园进行了首次商业喷雾，用于喷洒预防葡萄白粉病的杀真菌药剂。

2. 日本农业航空研究现状

雅马哈无人机国内保有量超过 2 500 台（2015 年）。

3. 澳大利亚农业航空研究现状

经典机型： PL-12 Airtruk Aircraft，GA 200。

1948 年开始发展农业航空，20 世纪 70 年代开始引进美国的 Air Tractor and Ayres Thrush 机型，发展模式与美国类似。目前，飞机施肥已占澳大利亚施肥面积的一半以上。国内超过 4 000 名农业航空从业者（2013 年）。

4. 韩国农业航空研究现状

雅马哈 Rmax 无人机 2005 年首次引进韩国用于农业航空作业，80% 的农用无人机由农业协会拥有，Rmax 无人机保有量超过 600 台（2016 年）。

5. 中国精准农业航空现状

政府大力支持、科研工作者推进、企业参与。

2014 年中央一号文件：建设以农业物联网和精准装备为重点的农业全程信息化和机械化技术体系，加快农用航空建设。

2015 年、2016 年中央一号文件：重点突破生物育种、农机装备、智能农业、生态环保等领域关键技术。

2015 年 2 月，农业部印发《到 2020 年农药使用量零增长行动方案》。推广新型高效植保机械。因地制宜推广自走式喷杆喷雾机、高效常温烟雾机、固定翼飞机、直升机、植保无人机等现代植保机械。

（1）发展纲要—政府文件。

行动方案提出的技术路径如下。

一是“控”：即控制病虫发生危害。

二是“替”：即高效低毒低残留农药替代高毒高残留农药；大中型高效药械替代小型低效药械。

三是“精”：即推行精准科学施药。

四是“统”：即推行病虫害统防统治。

（2）纲要实施—“2020 农药零增长”与精准农业航空。

国家重点研发计划：地面与航空高工效施药技术及智能化装备（项目编号：2016YFD0200700）8 家牵头单位总经费 9 600 万元。

华南农业大学：航空植保“施药技术参数”及智能化装备控制因素及性能指标研究。

农业农村部南京农业机械化研究所：农业航空植保智能化装备“关键部件”研发和完善。

中国农业科学院植物保护研究所：农业航空低空低容量喷雾技术研究。

安阳全丰生物科技有限公司：高工效农药制剂助剂研制。

1）华南农业大学“航空植保“施药技术参数”及智能化装备控制因素及性能指标研究”项目的主要研究内容：①研发有人驾驶飞机、农用无人机航空施药的雾滴飘移沉积分布规律。②研发农用飞机施药作业的适宜参数。③研究微小型无人机和有人驾驶飞机的低空遥感图像采集与农情分析技术。④研究航空施药作业处方图生成技术及精准施药控制技术。⑤研制基于“互联网 +”和大数据平台的航空植保作业机具管制平台。

2）农业部南京农业机械化研究所“农业航空植保智能化装备关键部件研发和完善”项目的主要研究内容：①研发适用于航空施药的窄雾滴谱系列航空喷嘴。②研发适用于航空植保喷洒作业要求的高转速轻量化隔膜泵。③研究高功率轻型水冷航空发动机。④研究农用无人机智能化植保作业平台的关键技术及智能化装备。⑤研究无人机作业路径规划及飞行轨迹管理系统。

3）中国农业科学院植物保护研究所“农业航空低空低容量喷雾技术研究” 项目的主要研究内容：①开发无人机低空低容量智能化喷雾系统。②建立低空低容量航空喷雾风险评价体系。③研制用于农业航空喷雾质量检测的油基雾滴测试卡。④构建低空低容量喷雾现场配药系统。

4）安阳全丰生物科技有限公司“高工效农药制剂助剂研制”项目的主要研究内容：①筛选可以减少雾滴蒸发、减少飘失、促进农药雾滴黏附与铺展的航空植保喷雾助剂。②针对水稻、小麦、棉花等的航空施药，制备适用于航空喷雾的高工效农药制剂、开发超低容量喷雾制剂助剂。

二、精准农业航空技术现状及未来展望

（一）中国精准农业航空研究现状

1. 风洞建设情况

（1）农业农村部南京农业机械化研究所（表 1）。

（2）北京农业智能装备技术研究中心。

农业航空风洞实验平台见图 5 ～图 8。

表 1　NJS-1 型植保风洞

绩效指标	速度测量 V=8m/s
风场不均匀性	≤ 1.0%
方向场	△ α ≤ 1.0°，△ β ≤ 1.0°
轴向静压梯度	≤ 0.01/m
湍流强度	≤ 1.0%
动压稳定系数	≤ 1.0%
最大风速	10m/s

图 5　600mm 口径风洞（风速：3 ~ 45.7m/s）

图 6　300mm 口径高速风洞（风速：6.7 ~ 98m/s）

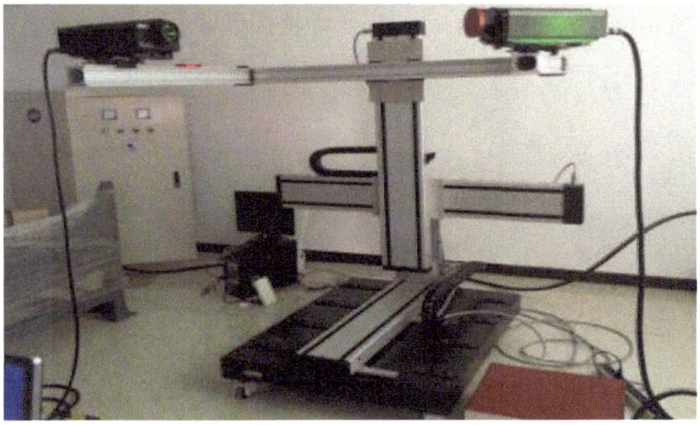

图 7　粒子粒径及速度分布测量仪

图 8　喷洒测试实验室

（3）华南农业大学 6 000 多平方米风洞试验室。

高低速复合型风洞（风速范围：2 ～ 52m/s）。

2. 北大荒通用航空公司

空中导航系统在农业，海洋，建筑等领域定位、导航、机械控制应用（图 9）。

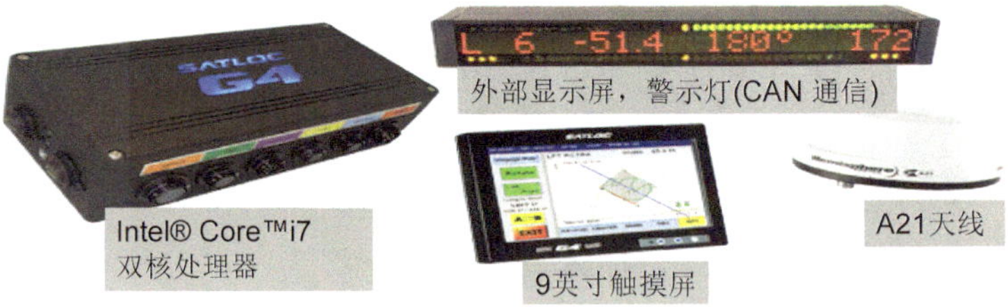

图 9　Satloc® G4(TM) 空中导航系统

自动流量控制器分为：自动流量控制器系统；独立的自动流量控制器。AG-FLOW 自动喷洒控制系统，是专门为控制喷洒应用设计的，通过自动调节流量，确保喷洒的准确和稳定（图 10）。

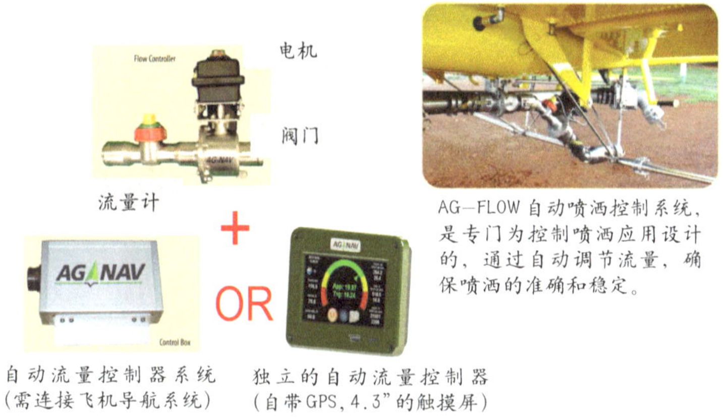

图 10　自动流量控制器（AG–FLOW）

3. 山东瑞达有害生物防控有限公司

加拿大 AG-NAV 公司生产的 Guía 差分 GPS 导航与流量自动控制系统，专门为空中喷洒应用设计，可以实时提供路线导航及药液喷洒信息，并在一秒钟内实现喷施量的变化调节，还能实现粉末及颗粒等喷洒材料的精密流量控制。

4. 广州极飞电子科技有限公司（图 11）

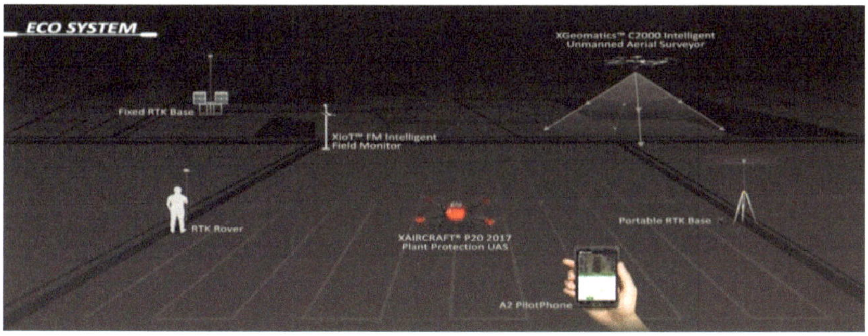

图 11　全自主测绘无人机系统流程解析

极飞 P20 植保无人机：全自主航线规划，RTK 自主飞行、离心雾化喷头（100um 直径雾滴）、载重 6 ～ 10L 喷幅 1.5 ～ 3m 变量喷洒 200 ～ 800mL/ 亩、可装备“天目”双目视觉避障系统——夜晚使用红外照明避障、手持 APP 集群控制，1 个飞手控制管理 4 台 P20、基于 RTK 系统的夜间自主飞行，在新疆，超过 50% 的作业在夜间完成。

极飞 XGEOMATICS™ C2000 测绘无人机系统：全自主测绘、单次飞行可测绘 133hm^2 土地、完成测绘任务后，数据将直接上传至加密云，并在加密云端完成自动拼接并生成地图，生成高精度农田信息地图用于规划极飞 P20 飞行路径。

极飞 X1OT™田间监测站：收集田间环境数据，包括光照、温度、湿度、大气压力、降水量、风速、土壤条件等。

打造：自主测绘→路径规划→自主飞行→生态系统。

5. 广州极飞电子科技有限公司

DJI MG-1S：喷幅：1.5 ～ 3.5m 载重：10L。

雷达传感器：地形跟随（仿地飞行），基于 3 个高精度毫米波雷达实现定高飞行。

精准喷洒：*Pulse Spraying*（喷头流量控制）、*Forward spraying/backward spraying*（开两个喷头）流量中、*Full spraying*（开 4 个喷头）流量大。

2016 年 8 月 15 日，DJI 大疆创新宣布与美国最大的农业数据分析提供商之一 *Precision Hawk* 合作推出精准农业套装，正式进入精准农业无人机遥感领域。提供了一套成熟的农业数据获取和分析方案、降低了传统遥感数据获取的难度和成本（图 12）。

大疆 M100 开发者平台　　可见光相机　　近红外相机

图 12　大疆精准农业无人机遥感套装 *In Flight* 软件

6. 安阳全丰航空植保科技有限公司

单旋翼油动直升机代表企业：3WQF125-16 喷幅：4 ～ 6m 载重：16L、3WQF120-12 喷幅：5 ～ 8m 载重：12L、3WQF294-35 喷幅：4 ～ 8m 载重：35L。

7. 深圳高科新农技术有限公司

单旋翼电动直升机代表企业：HY-B-15L 喷幅：4 ～ 7m 载重：15L；M23 喷幅：4 ～ 6m 载重：10L 支持全自主飞行、IPX7 级防水；S40 喷幅：7m 载重：20L 支持 RTK 系统、支持全自主飞行、IPX7 级防水。

8. 北京韦加无人机科技股份有限公司

电动多旋翼：JF01-20 喷幅：4.5 ～ 6m 载重：20L，JF01-10 喷幅：2 ～ 3m 载重：10L。

9. 无锡汉和航空技术有限公司

电动：CE-20（水星一号） 喷幅 4 ～ 6m 载重 20L 抗风能力 5 级前向 / 后向双目视觉、地形跟随 / 仿地飞行。油动：CD-15 喷幅 4 ～ 6m 载重 15L 抗风能力 5 级。

（二）制约植保无人机发展的障碍

未来植保无人机需要往大载荷、长续航方向发展，电池载荷及续航能力、专用农药研发和喷洒技术规范、作业稳定性、后市场服务以及统一行业标准等五大障碍亟待解决。

大规模作业需要解决电池载荷及续航能力。电动植保无人机单次作业喷洒面积20亩左右，提高无人机的载重和续航会极大降低植保的成本，电动植保无人机载重和续航主要依靠电池行业取得突破。专用农药研发和喷洒技术规范推进缓慢。与植保无人机低空低量高效施药所配套的施药技术是当前市场的短板，还没有一套科学完善的标准指导使用者判别雾滴粒径、雾滴沉积分布密度、农药浓度等施药参数。作业稳定性有待大大提高。植保无人机应对相对恶劣的环境飞行稳定性有待提高，一是错过最佳植保时间，二是导致农药喷洒不均匀。维修及培训后市场需要同步搭建。植保无人机相关配套产业链分布地区不均，网络不健全，维修不便，时间成本高，保险还未普及，专业化的培训机构少。统一的行业标准亟待推出。民用无人机相关技术标准不完备，标准不统一，不利于行业健康发展，行业标准是国家层面出台补贴的前提，植保无人机目前还未纳入“农机补贴”的范围。

（三）精准农业航空未来发展方向

图像实时处理系统。建立一个界面友好的图像处理软件系统，旨在快速分析空中图像的数据，以便于在数据采集后可立即进行变量喷洒。

多传感器数据融合技术。将不同位置的多光谱数据、多分辨率数据、环境数据、生物数据加以综合，从而提高遥感系统的决策、规划、反映的快速性和正确性，降低决策风险。

变量喷洒系统。开发一种经济的、应用软件界面友好的整合系统，且喷嘴大小、雾滴大小合适，可以实时处理空间分布信息并指导在有效面积上的喷洒作业。

差分定位（RTK）技术 、多机协同技术 、无人机航空喷施的相关支撑辅助技术。

精准农业航空未来发展趋势：农情低空遥感信息的快速获取与解析是开展病虫害早期预报、预防及精准、高效、低污染植保作业的前提和基础；农业航空作业装备与体系是农业航空的技术基础与应用平台；通过研究关键技术，产学研联合实现装备创新与产业创新；通过构建农业航空技术体系与规范，实现农业航空作业的大面积示范与推广（图 13）。

图 13 精准农业航空未来发展趋势

三、精准农业航空技术在棉花田间管理中的应用

棉花病虫害防治遥感系统的研发试验内容。

航空施药变量控制技术：变量施药控制器、航空静电喷嘴、变量喷嘴。

航空遥感的地面验证：药液添加剂、最佳气候条件决策、喷嘴模型、漂移模型。2014 年和 2015 年，3 次前往新疆石河子联合多家国内农用无人机与地面机械公司进行棉花落叶剂喷施试验。2016 年 7 月和 9 月，分别组织国家航空植保科技创新联盟在新疆石河子开展棉花蚜虫防治试验、棉花落叶剂喷施试验和遥感试验。

国家棉花产业技术体系任务指标：一是基于无人机低空遥感图像的棉花农情分析。优化和构建基于机—地敏感波段的棉花长势及病虫草害的最佳植被指数，建立棉花长势、水肥及病虫草害监测模型，研发棉花航空精准施药处方图生成系统，并用于指导精准施药。二是棉花航空植保农药喷施药效评价体系建立。开展棉花虫害及脱叶催熟剂等航空植保施药试验，开展棉花植保农药喷施药效评价数据的采集及评价模型的构建研究。三是产业基础数据平台建设及应急性技术服务。

（一）棉花红蜘蛛遥感监测试验

背景和意义：棉花种植近年由于农资物化成本、劳动力成本持续上涨，造成植棉效益总体呈下降态势；田间管理中，缺乏作物生长信息和病虫害信息的有效监测，不能高效和有效配置利用生产要素。特别是棉花的病虫害防控和脱叶作业较为粗放，不仅

导致药剂农药利用率低下，而且也增加了生产成本、造成了环境污染。

岗位工作目标：就是采用遥感技术分析棉花的长势和病虫害等农情信息，指导棉花的田间管理，实现规模化生产模式下精细化的生产与管理，降低种植和劳动成本，提升植棉效益，从田间管理的环节为棉花生产持续增产增效提供技术支持。

1. 遥感图像采集

多源遥感体系数据采集详见图 14。

图 14　遥感数据信息采集

2. 地面调查

虫害等级划分：根据页面出现症状的面积占整个叶片面积的比重，我们将棉花红蜘蛛危害程度分为正常、轻度、中度、重度四种（图 15）。

图 15　虫害等级划分

3. 数据分析

分析思路：按照面向对象图像分析（OBIA）的思想，我们采取先分割，再分类的方法进行红蜘蛛虫害识别（表 2）。

表 2　数据样本

	正常（个）	轻度（个）	中度（个）	重度（个）
训练集	2 438	535	952	390
测试集	271	59	106	43
所有样本	2 709	594	1 058	433

分割：我们对图像使用 SVM 进行像素级的分类，每一个像素被分为三类：棉花、阴影和其他。经过统计，这个方法的分割精度达到 97%，能够满足图像分割的要求。

分类：对所有类别为棉花的像素，我们分别使用 5 种不同的方法将其分为正常棉花和虫害棉花两类。结果证明，基于迁移学习的深度卷积网络效果最好，准确度达到 96.05%（表 3）。

表 3　各种识别方法结果对比

方 法	准确率（%）
SB+VI+LBPH+SVM	90.85%
SB+VI+LBPH+CNN	75.47%
SB+VI+LBPH+PCA+SVM	92.72%
SB+VI+LBPH+PCA+CNN	90.02%
Transferred AlexNet	96.05%

（二）棉花红蜘蛛防治试验

1. 精准施药

精准定位：根据分析结果，我们定位出虫害区域，将该区域的位置输入植保无人机作为靶标区，无人机根据参数进行全自主的精准喷洒（图 16 ～图 17）。

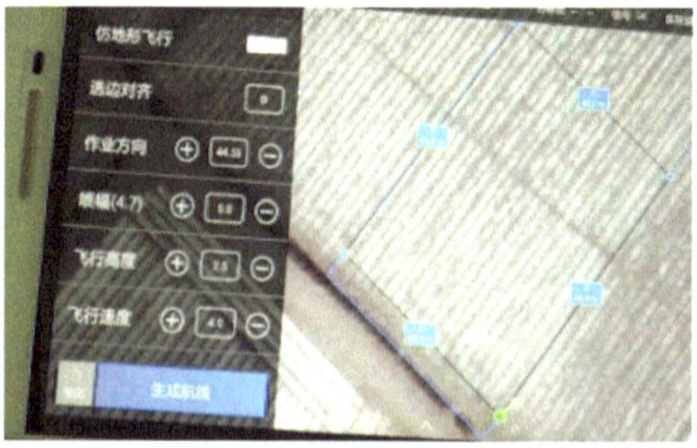

图 16　植保无人机（JT30）地面站

图 17　无人机精确喷洒

分析思路：对比靶标区和非靶标区的雾滴沉积，测试无人机是否能对靶标区域进行精准喷施。

2. 结果与讨论

靶标区内雾滴的沉积粒径 99.3 ～ 235μm，覆盖率 3.5% ～ 23.8%，沉积密度每平方厘米 198.8 ～ 402.6 个，每平方厘米雾滴沉积量为 0.085 ～ 1.05μL（表 4）。

表 4　试纸的指数统计

	非靶标区		虫害区						CV	非靶标区	
雾滴沉积粒径（μm）	98.6	110.3	99.3	149	181.3	186.6	235	209.7	0.24	104.6	107
覆盖率	0.22	0.21	3.5	8.3	14.4	9.6	23.8	14.9	0.51	0.6	0.32
沉积密度（cm²）	11.3	9.3	198.8	230.8	258.2	202.4	402.6	311.6	0.26	31.6	15.3
雾滴沉积（μL/cm²）	0.005	0.005	0.085	0.26	0.6	0.39	1.05	0.62	0.61	0.015	0.008

靶标区域内的雾滴密度远大于 10 个 /cm²，雾滴分布均匀度＜ 70%，符合国家 MH/T1002.1—2016《农用航空喷洒作业质量技术指标》。

非靶标区域内沉积量和雾滴覆盖密度基本为零，说明无人机的喷施没有扩散到虫害区外部。利用遥感图像识别虫害区域，匹配空间位置信息，对虫害区域进行定点的精准喷施，在保证药效的前提下减少了农药使用量，初步实现了精准农业航空的作业理念。

（三）棉花脱叶剂喷施试验研究

研究意义：①化学脱叶剂喷施是机采棉的重要环节。②新疆棉花种植密度在每亩一万株以上，具有“矮、密、早”的栽培特点，若后期使用拖拉机等地面大型施药机械喷洒脱叶剂往往对棉株损伤较大，严重影响产量，植保无人机在喷洒过程中具有不伤苗、快速高效、雾滴穿透性好等特点正在逐渐占据新疆的脱叶市场，成为棉花脱叶的新技术。③棉花脱叶剂喷洒影响因素：药剂、喷液量、喷雾助剂、环境参数、作业参数等。

本次试验探究植保无人机不同喷液量、喷雾助剂情况下，喷洒棉花脱叶剂对棉花脱叶效果的影响，同时以地面机械为对比，调查雾滴沉积、棉花吐絮率以及落铃率等数据，为新疆棉花脱叶提供数据支持。

试验人员：邓继忠教授、付威教授、韩小强博士、王国宾、蒋统统等。

1. 试验一：不同喷液量下的雾滴沉积及对棉花脱叶、吐絮率的影响（不同喷液量）

试验地点：新疆省石河子市 150 团 7 连。

试验设备：①全丰 3WQF120-12，A-B 点作业，作业速度 4m/s，喷头个数 3 个，喷幅 4m。②吊杆式喷杆喷雾机。

田间脱叶喷洒条件：详见表 5 所示。

表 5　田间脱叶喷洒条件：试验药剂及处理情况

处理	喷液量（L/hm²）	第一次喷洒药剂（9 月 5 日）	第二次喷洒药剂（9 月 13 日）
处理 1	9.3	棉海（540g/L 噻苯隆·敌草隆悬浮剂）12g/ 亩 + 乙烯利 30g+1:4 助剂（48g/ 亩）	棉海（540g/L 噻苯隆·敌草隆悬浮剂）12g/ 亩 + 乙烯利 70g+1:4 助剂
处理 2	17.6		
处理 3	24.2		
处理 4	28.9		
处理 5	525 ～ 600		

棉花品种：三棉。

播种时间：2017 年 4 月 11 日。

宽窄行距分别为 66cm 和 10cm；

株距：10 ～ 12cm。

脱叶时期：正值棉花吐絮期。

棉花种植密度：每亩 12 000 ～ 13 000 株。

试验结果如图 18 至图 21。

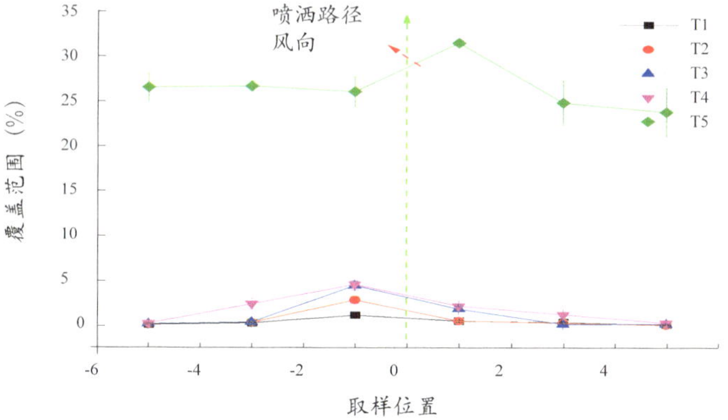

图 18　无人机不同喷液量下雾滴覆盖度情况及与地面机械对比

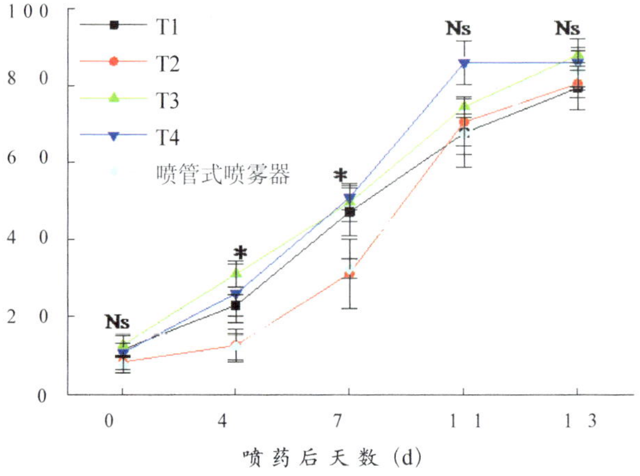

图 19　无人机不同喷液量下吐絮率情况及与地面机械对比

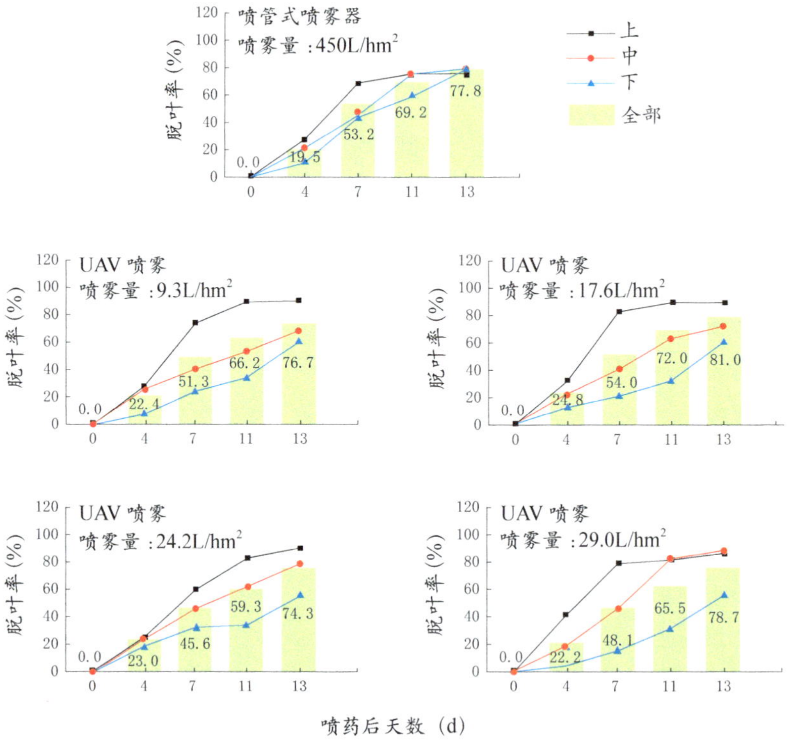

图 20　无人机不同喷液量下不同部位脱叶率情况及与地面机械对比

药前棉花情况　药后 4 天情况　药后 7 天情况

药后 11 天情况　药后 13 天情况

图 21　田间棉花脱叶剂吐絮情况

2. 试验二：不同喷雾助剂对无人机喷洒棉花脱叶效果的影响（不同喷雾试剂对比）

试验地点：石河子沙湾镇东渠村（东经 85.809296，北纬 44.665111）；（不同植保机械对比）。

试验设备：疆天植保无人机，喷头 6 个，为空心圆锥喷头，喷幅为 6m，作业速度为 5m/s。

试验药剂：第一次：瑞脱龙（80% 噻苯隆水分散粒剂，30mL/ 亩）+ 乙烯利 60mL/ 亩 + 喷雾助剂 30mL/ 亩；第二次：棉海（540g/L 敌草隆 • 噻苯隆悬浮剂，15mL/ 亩 + 乙烯利 80mL/ 亩 + 喷雾助剂 20mL/ 亩（烷基乙基磺酸盐，80mL/ 亩）。

4 个不同喷雾助剂处理：①北京广源益农“迈飞”，主要成分为植物油类喷雾助剂；②美国迈图助剂，主要成分为有机硅类喷雾助剂。

田间脱叶喷洒条件：脱叶时期正值棉花吐絮期。

棉花种植密度：＞ 9 000 株。

棉花长势：较密。

作业时间：9 月 7 日环境温度为 26.9 ～ 34.0℃；湿度为 28.1% ～ 42.8%、风速为 0 ～ 5.9m/s。

试验结果见图 22 至图 24。

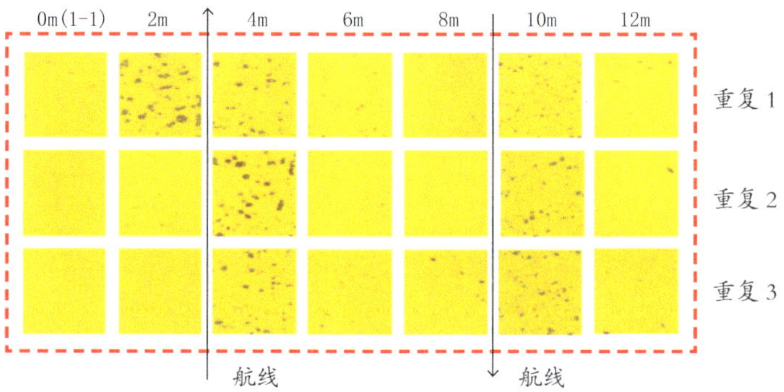

图 22　水敏纸采集雾滴沉积直观

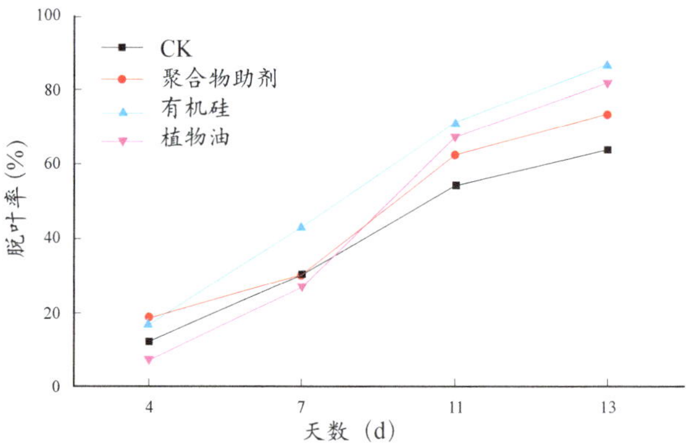

图 23　不同喷雾助剂对脱叶率影响

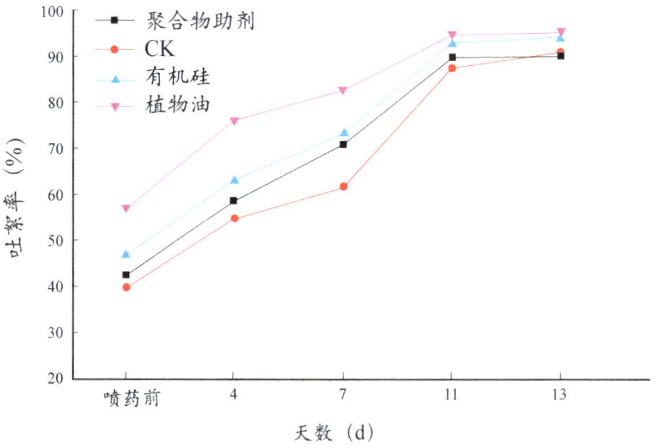

图 24　不同喷雾助剂对吐絮率影响

3. 试验三：无人机及地面喷杆喷雾机喷洒效果对比（不同植保机械对比）

试验地点：石河子市大榆树村疆天精准农业航空植保试验示范基地；（不同喷雾助剂对比）。

试验设备：高科新农。

作业参数：高度 1m，速度为 5m/s，流量为 0.89L/ 亩，喷幅宽度为 4m，喷洒面积 10 亩试验田。

流量测定：1.6L/min。

吊杆式喷杆喷雾机：喷幅为 14m。

试验药剂：一次喷洒朝越（噻苯·敌草隆）25g/ 亩 +100g 助剂（越来越）+30g 乙烯利。

试验棉花品种：承天 42。

播种时间：2017 年 4 月 27 日。

试验田情况：试验田薄膜垄宽为 2.35m；宽窄行距分别为 66cm 和 10cm；株距为 10 ～ 12cm；脱叶时期正值棉花吐絮期；棉花种植密度大于 9 000 株。

试验结果见表 6、表 7、图 25。

表 6　无人机单喷幅雾滴沉积情况

	DV_S/（μm）		覆盖范围 /（%）		雾滴密度 /（cm^2）	
	平均值	变异系数（%）	平均值（%）	变异系数（%）	平均值	变异系数（%）
条带 1	298	17.9	2.06	71.1	21.0	68.4
条带 2	261	14.8	4.06	93.8	42.3	80.9
条带 3	308	6.1	3.11	86.4	30.3	83.5
总平均值	288.7	15.0	3.08	89.0	31.2	81.9

表 7　不同喷洒设备（无人机及地面机械）棉花吐絮率情况

		药前吐絮率	药后 4 天吐絮率	药后 7 天吐絮率	药后 11 天吐絮率	药后 15 天吐絮率
无人机	平均值	25.0	43.9	79.8	84.2	86.1a
	变异系数（%）	46.5	18.8	7.2	1.9	2.7%
机车	平均值	27.9	42.5	75.5	81.6	83.2a
	变异系数（%）	28.3	4.6	3.9	1.9	2.4

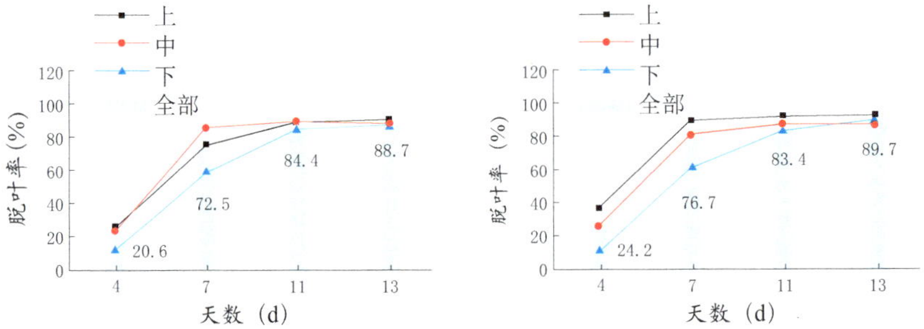

图 25　不同喷洒设备（无人机及地面机械）棉花脱叶率情况

4. 试验四：电动四旋翼无人机防治棉蚜棉叶螨效果评价（飞行高度）

试验设备：①极飞 P20，A-B 点作业，作业速度 5m/s，喷头个数 3 个，喷幅 4m。②吊杆式喷杆喷雾机。

试验地点：新疆省石河子市六分场 8 连。

棉花品种：新陆早 64。

播种时间：2017 年 4 月 24 日。

株行距分别为 66cm 和 10cm。

棉花种植密度：10 000 ～ 11 000 株 / 亩。

试验结果见表 8 至表 10、图 26。

表 8　田间作业喷洒条件：试验药剂及处理情况

处理	喷液量（L/hm²）	飞行高度（m）	药　剂	试验药剂（g/hm²）
处理 1	12	2	啶虫脒（20% 悬浮剂）	300
			螺螨酯（240g/L 悬浮剂）	300
处理 2	12	1.5	阿维菌素（5% 乳油）	450

表 9　雾滴沉积均匀性

雾滴密度（个 /cm²）		雾滴密度最大值	雾滴密度最小值	雾滴密度平均值	标准差	均匀性 (%)
1.5m	重复 1	96.7	1.8	21.36	42.12	197.18
	重复 2	18.7	2.7	10.9	7.38	67.73
	重复 3	15.7	2.1	5.1	5.93	116.27
2m	重复 1	96.2	27.1	63.66	25.80	40.52
	重复 2	9.4	1.9	5.82	3.25	55.88
	重复 3	41.4	2	20.14	17.56	87.19

表 10　雾滴沉积穿透性

沉积量 μg		沉积量 μg 上	沉积量 μg 中	沉积量 μg 下	沉积量 μg 平均值	标准差	穿透性 (%)
1.5m	点 1	0.014	0.039	0.037	0.030	0.014	46.77
	点 2	0.039	0.040	0.024	0.034	0.009	26.47
	点 3	0.035	0.033	0.040	0.036	0.004	10.03
	点 4	0.041	0.036	0.041	0.039	0.003	7.11
	点 5	0.043	0.043	0.041	0.042	0.001	3.23
2m	点 1	0.044	0.042	0.042	0.043	0.001	2.67
	点 2	0.041	0.039	0.041	0.040	0.001	2.53
	点 3	0.042	0.043	0.040	0.042	0.002	3.80
	点 4	0.042	0.043	0.043	0.043	0.001	1.31
	点 5	0.044	0.039	0.041	0.042	0.003	6.47

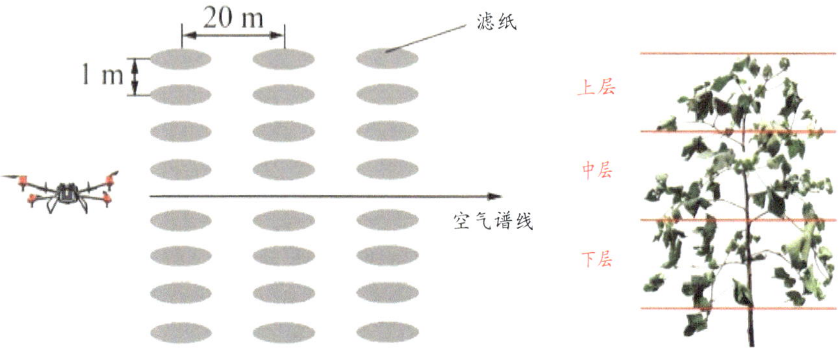

图 26 样本点分布

5. 试验五：电动六旋翼无人机防治棉蚜棉叶螨效果评价（与地面机车对比）

试验设备：①疆天 JT-30 植保无人机，A-B 点作业，作业速度 5m/s，喷头个数 6 个，喷幅 6m。②吊杆式喷杆喷雾机。

田间作业条件：新疆省石河子市三分场 4 连。

棉花品种：新陆早 64；

播种时间：2017 年 4 月 21 日；

行距分别为 66cm 和 10cm；

棉花种植密度：13 000 ～ 14 000 株 / 亩。风速 1m/s，飞行高度 2m。

试验结果见表 11、图 27、图 28。

表 11 田间作业喷洒条件：试验药剂及处理情况

处理	喷液量	试验药剂
处理 1	525L/hm²	吡虫啉（600g/L 悬浮剂）150g/hm² 阿维・四螨嗪（20.8% 悬浮剂阿维菌素 0.8%，四螨嗪 20%）750g/ha
处理 2	22.5L/hm²	阿维菌素（10% 悬浮剂）450g/hm²

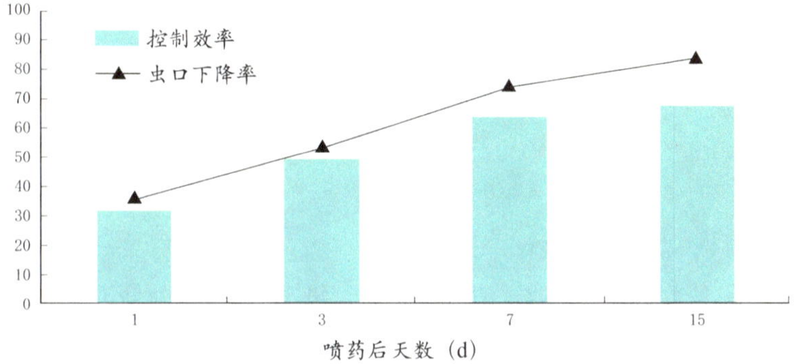

图 27　棉叶螨虫口减退率和防效（JT-30 无人机）

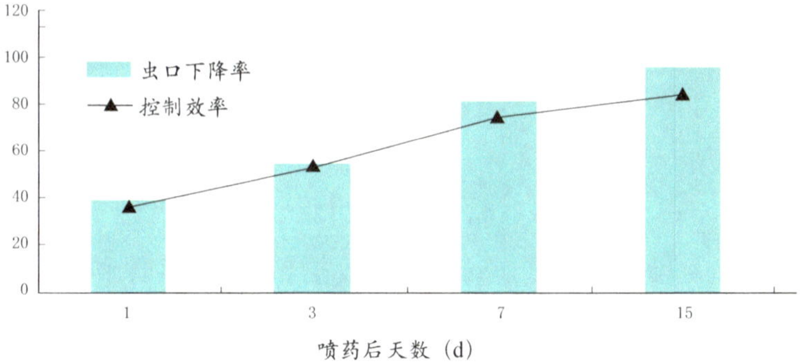

图 28　棉叶螨虫口减退率和防效（机车）

（四）机采棉全程遥感监测／航空植保示范基地

示范效果 1：基于遥感监测技术的棉田健康指数（图 29～图 32）。

图 29　多光谱棉田长势分析

图 30　多光谱棉田健康指数分析

图 31　多光谱棉田红蜘蛛分析

图 32　多光谱棉蚜田虫分析

示范效果 2：基于遥感监测数据的航空植保作业—棉蚜（苗蚜）防治（表 12）。

表 12　地面机车与植保无人机防治棉花蚜虫（棉蚜）效果对比

处理	施药当天虫口密度[a]	施药后 5d 虫口密度[a]	5d 虫口减退率
机车	1 410	434	69.22%
植保无人机	1 914	603	68.50%

注：a 为虫口密度为 20 个点，每个点 5 株棉花上的蚜虫总数

示范效果 3：基于遥感监测数据的航空植保作业——化控（表 13）。

表 13　地面机车与植保无人机喷施棉花化控效果对比

指标	植保无人机				地面机车			
	施药前	施药后 5d	施药后 7d	施药后 14d	施药前	施药后 5d	施药后 7d	施药后 14d
株高 /（cm）	68.52	68.89	68.32	69.64	67.12	67.93	67.10	67.20
叶铃	13.02	13.02	13.02	13.02	12.70	12.70	12.70	12.70
果枝台数	8.28	8.28	8.28	8.28	7.48	7.48	7.48	7.48
果枝长度（倒 1）/（cm）	3.39	3.45	3.90	4.19	3.46	3.92	4.82	4.48
果枝长度（倒 2）/（cm）	7.62	7.87	7.91	8.11	8.32	8.51	8.90	8.55
节间长度（倒 1）/（cm）	5.56	6.30	6.39	6.27	6.29	6.63	6.97	6.36
节间长度（倒 2）/（cm）	8.00	8.51	8.48	8.86	7.67	7.87	8.22	7.72
果枝始节	5.00	5.00	5.00	5.00	5.52	5.52	5.52	5.52
果枝始节高度 /（cm）	23.05	23.05	26.98	25.80	25.26	25.26	24.62	25.97

示范效果 4：基于遥感监测数据的航空植保作业——脱叶剂（图 33、图 34）。

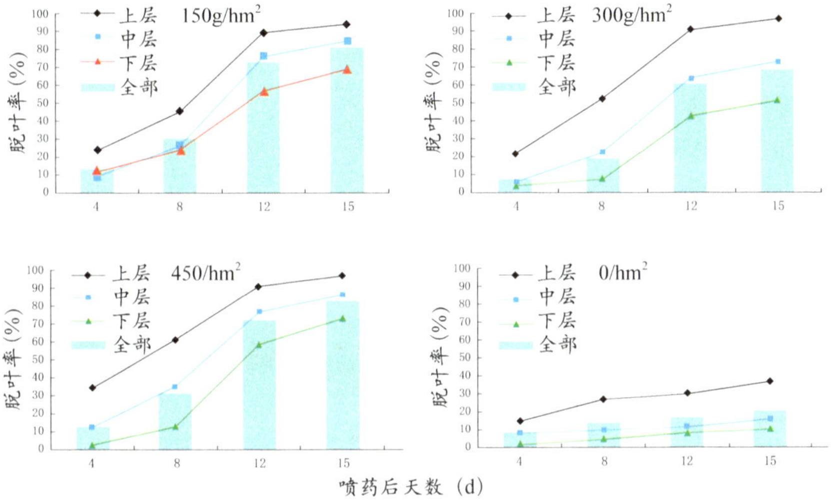

图 33　脱叶剂用量对脱叶效果的影响（JT-30 无人机）

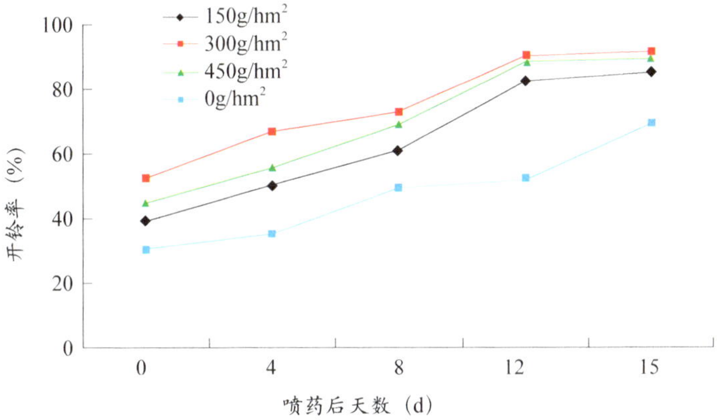

图 34　脱叶剂用量对吐絮效果的影响（JT-30 无人机）

示范效果 5：节本增效机采棉全程航空植保作业情况（JT-30 无人机）（表 14）。

表 14　2017 年示范基地棉花药剂用量对比

防治对象	药剂名称	主要成分	剂型	生产厂家	亩用量（g）		药剂成本	
					机车	无人机	单价元 /（kg）	亩节约成本（元）
苗芽及叶螨	独高	5% 阿维菌素	EC	河北省农药化工有限公司	30	20	74.80	0.748
	妙诛	34% 螺螨酯	SC	青岛中达农业科技有限公司	20	15	457.60	2.288
	联农	20% 啶虫脒	WP	中农联合生物科技股份有限公司	30	20	49.28	0.493
化控、伏蚜和叶螨	甲哌鎓	98% 甲哌鎓	SP	南通金陵农化有限公司	10	10	100	-
	瀚生锐击	阿维菌素 8% 四螨嗪 20%	SC	青岛瀚生生物科技股份有限公司	40	30	132.00	1.32
	联农	20% 啶虫脒	WP	中农联合生物科技股份有限公司	30	20	49.28	0.493
化控、伏蚜和叶螨	甲哌鎓	98% 甲哌鎓	SP	南通金陵农化有限公司	10	10	100	-
	妙诛	34% 螺螨酯	SC	青岛中达农业科技有限公司	30	20	457.60	4.576
	必应	600g/L 吡虫啉	SC	青岛奥迪斯生物科技有限公司	20	15	229.90	1.149
第一次脱叶及催熟	瑞脱龙	80% 噻苯隆	SP	江苏瑞邦农药厂有限公司	30	20	558.80	5.588
	助剂	专用助剂	-	江苏瑞邦农药厂有限公司	30	20	-	-
	乙烯利	40% 乙烯利	AS	江苏安邦电化有限公司	60	40	18.48	0.370
第二次脱叶及催熟	棉海	37% 噻苯隆 • 17 敌草隆	SC	江苏激素研究所股份有限公司	15	10	990.00	4.95
	助剂	专用助剂	-	江苏激素研究所股份有限公司	60	40	-	-
	乙烯利	40% 乙烯利	AS	江苏安邦电化有限公司	80	60	18.48	0.370
合计成本（元）	-	-	-	-	72.36	50.02	-	22.34

2017 年示范基地棉花亩产 385kg，比常规棉田高出 15% 以上，亩节约药剂成本 22.34 元。

四、航空作业平台关键技术及装备

无人机飞行状态实时监测见图 35。

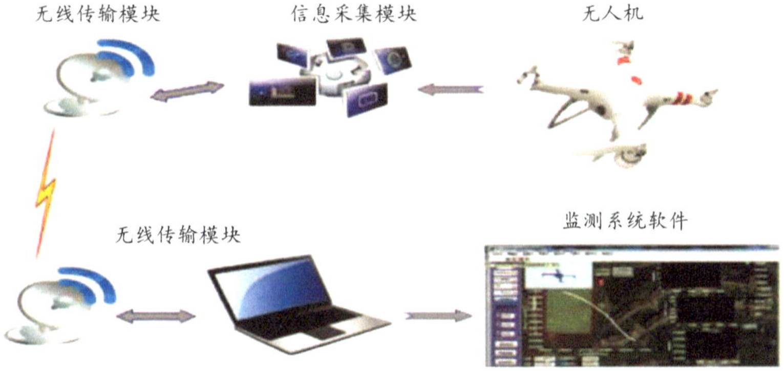

图 35　无人机飞行状态实时监测评估系统总体结构

基于 PWM 航空喷雾精量控制方法见图 36。

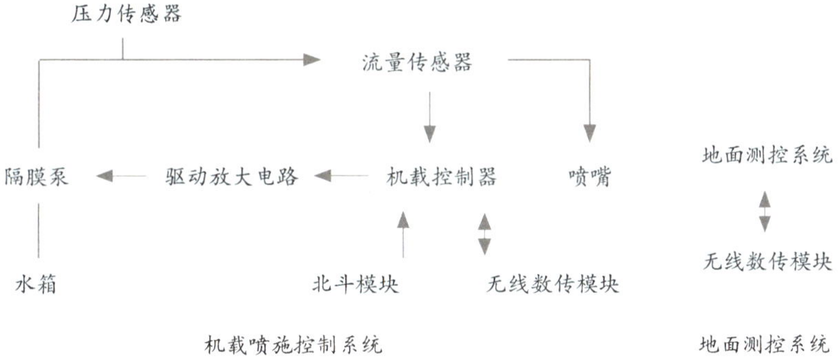

图 36　系统总体方案

无人机航空喷施雾滴效果检测传感器系统实时监测见图 37。

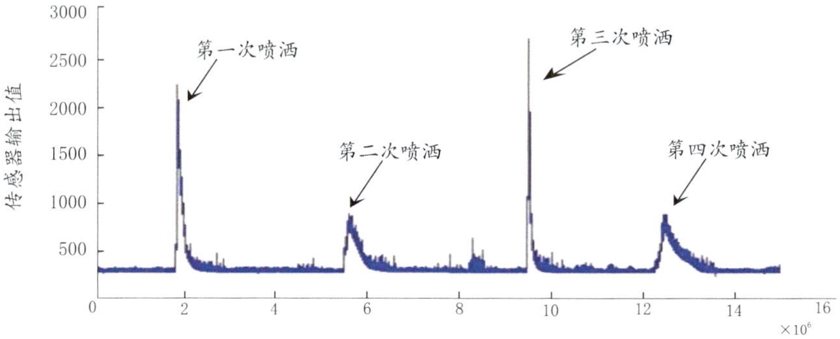

图 37　无人机航空喷施雾滴效果检测传感器系统实时监测

杜雄明

杜雄明，研究员，现为中国农业科学院棉花研究所品种资源研究室主任，博士生导师，棉花生物学国家重点实验室副主任，中国农业科学院棉花创新利用团队首席科学家，国际棉花基因组大会（ICGI）种质资源和遗传材料组协同主席和主席（2015—2018），中国农学会棉花分会第五、六、八届理事会理事。长期从事棉花性状遗传和分子生物学、基因资源和生物多样性以及棉花种质创新和优异基因资源发掘等研究。以第一作者或通讯作者发表论文 130 余篇，其中，2017—2018 年在世界顶级学术刊物 Nature Genetics 上分别以第一和通讯作者发表 3 篇文章。主编出版著作 2 部（82 万字），参与编写著作 6 部。

高质量基因组解析亚洲棉的演化历史和重要功能基因

杜雄明

棉属（*Gossypium*）包括 51 个种，46 个二倍体种（$2n$=26），5 个四倍体种（$2n$=52），4 个栽培种（图 1）。

亚洲棉　草棉　陆地棉　海岛棉

图 1　四个栽培种的单株照片

亚洲棉（*Gossypium arboretum* L.）原产于印度次大陆，经缅甸、越南传入我国华南地区，约在 12 世纪末由华南地区传入长江、黄河流域种植，进而遍及全国植棉地区。在人工选择和自然选择的长期作用下形成了遗传变异丰富的中国特有的生态地理种系—中棉。然而亚洲棉在华南、长江、黄河流域棉区是否形成了独特的地理生态类型，其产量、纤维品质、生育期、抗逆性等性状是否存在地理分化以及基因型的变异状态等都未曾报道。

课题组收集分布在不同棉区的 230 份亚洲棉和 13 份草棉材

料，借助由 *Pacbio+Hi-C* 组装的高质量亚洲棉参考基因组进行变异检测，发掘了约 1 800 万个 SNP 标记，成功构建了棉花 *A* 基因组的高质量变异图谱。通过群体结构变异分析发现亚洲棉在中国的传播过程中逐渐形成了华南，黄河及长江流域三种生态型，同一生态型内部的材料在基因型上更为相似，说明亚洲棉在我国已形成独特的生态型特征。聚类及驯化相关性状分析均表明中国的亚洲棉可能最早来源于华南地区，从南往北逐渐扩散到长江和黄河流域。通过比较不同生态型群体之间的分化程度，共鉴定出 163 个遗传分化区间，全基因组关联分析发现与抗病性、产量和生育期等性状相关位点位于遗传分化区间中，成功揭示了人工选择及生态地理对基因组的影响。

亚洲棉群体结构和分化：通过关联分析从亚洲棉中成功地鉴定出了一批与抗病、油分等相关的候选基因，其中一个编码谷胱甘肽转移酶的基因是亚洲棉枯萎病抗性提高的关键基因，通过对抗病材料进行基因沉默，发现其变得更感病，同时该位点的单体型在群体中的分布存在明显地域特征，即感病位点在群体中的比例从南方到长江流域，再到黄河流域呈现降低趋势，说明亚洲棉群体中抗枯萎病性状是一个典型的受到地理选择的性状。

受地理选择的 *GaGSTF9* 基因是决定亚洲棉枯萎病抗性的关键基因 3- 酮脂 -ACP 合成酶基因（*GaKASIII*）编码区上的点突变（T->C）所引起的编码氨基酸的非同义突变则可能是影响亚洲棉种子中棕榈酸（C16 ： 0）和棕榈油酸（C16 ： 1）含量的主要原因，携带“C”单体型材料的种子在 30 天后累积棕榈酸和棕榈油酸的速度显著高于携带“T”单体型的材料。

该研究为深入解析亚洲棉在中国形成独特生态型的遗传适应机理，以及高效利用亚洲棉的优异性状奠定了基础。

后　记

舜耕论坛开办以来，得到了各级领导的关心、关注和关爱，在大家的共同呵护支持下，论坛的社会影响逐步扩大，功能作用发挥日益凸显，向打造国内知名农业学术高端论坛品牌的目标不断迈进。在此，向所有关心支持舜耕论坛的各级领导、向受邀拨冗出席论坛的海内外各位专家学者谨致谢忱。

《舜耕论坛精华集（自然科学篇）》的出版得到了出席论坛领导专家的鼎力支持，中国农业科学技术出版社高度重视本书的出版，安排业务骨干精心负责本书的设计、装帧、校核等环节工作，付出了辛勤的劳动，一并表示谢意。

因时间和水平有限，本书难免有不足之处，敬请读者不吝赐教。

编委会

2020 年 5 月